肖東發 主編
張學文 編著

傳統祭典與祭祀禮俗

祭祀慶典

祭天、拜地、儀式、神明⋯⋯
追溯中華文明中最虔誠的敬畏

古代的祭祀文化承載著人們對天地、祖先及各種神靈的深厚敬意，是維繫社會秩序和精神信仰的重要儀式。

商朝起源的祭祀活動至今仍影響著我們的生活方式，
祖先崇拜和天地敬畏逐漸發展成為文化的核心之一。
本書將引領讀者深入了解這些古老而神聖的儀式，
探討它們在不斷演變中如何形塑了民族精神，
成為中華文化的根本力量。

目 錄

序言

尋根問祖 —— 人文始祖祭典

中華民族母親女媧的祭祀……………010
中華始祖軒轅黃帝的祭典……………024
形式不斷豐富的炎帝祭祀……………036
祭祀文化代表的伏羲祭祀……………051
有著豐富內涵的大禹祭典……………067

緬懷千載 —— 先賢英雄祭典

緬懷聖人孔子的國之大典……………080
弘揚關公道德人格的祭典……………100
表達英雄敬仰的岳王祭祀……………116
長盛不衰的成吉思汗祭典……………125

目錄

感天謝地 —— 天地大海祭典

- 人與天交流的祭天活動……………144
- 對土地崇拜的祭地活動……………159
- 內容形式多樣的祭海活動……………170

序言

序言

浩浩歷史長河，熊熊文明薪火，中華文化源遠流長，滾滾黃河、滔滔長江，是最直接源頭，這兩大文化浪濤經過千百年沖刷洗禮和不斷交流、融合以及沉澱，最終形成了求同存異、兼收並蓄的輝煌燦爛的中華文明，也是世界上唯一綿延不絕而從沒中斷的古老文化，並始終充滿了生機與活力。中華文化曾是東方文化搖籃，也是推動世界文明不斷前行的動力之一。早在500年前，中華文化的四大發明催生了歐洲文藝復興運動和地理大發現。中國四大發明先後傳到西方，對於促進西方工業社會發展和形成，曾帶來了重要作用。

中華文化博大精深，是各族人民五千年來創造、傳承下來的物質文明和公德心的總和，其內容包羅永珍，浩若星漢，具有很強文化縱深，蘊含豐富寶藏。中華文化薪火相傳，一脈相承，弘揚和發展五千年來優秀的、光明的、先進的、科學的、文明的和自豪的文化現象，融合古今中外一切文化精華，建構具有特色的現代民族文化，向世界展示中華民族的文化力量、文化價值、文化形態與文化風采。

為此，在相關專家指導下，我們收集整理了大量古今資料和最新研究成果，特別編撰了本套大型書系。主要包括獨具特色的語言文字、浩如煙海的文化典籍、名揚世界的科技工藝、異彩紛呈的文學藝術、充滿智慧的中國哲學、完備而

深刻的倫理道德、古風古韻的建築遺存、深具內涵的自然名勝、悠久傳承的歷史文明，還有各具特色又相互交融的地域文化和民族文化等，充分顯示了厚重文化底蘊。

本書縱橫捭闔，採取講故事的方式進行敘述，語言通俗，明白曉暢，形象直觀，古風古韻，格調高雅，具有很強的可讀性、欣賞性、知識性和延伸性，能夠讓讀者們感受到中華文化的豐富內涵。

肖東發

序言

尋根問祖 —— 人文始祖祭典

　　祭祀起源於商朝，商人認為鬼神有很大威力，能夠決定人們命運，所以人們十分崇敬鬼神。人們把鬼神分為天神、地祇、人鬼三類，而且以人鬼就是祖先為祭拜主要對象。人們認為祖先雖然死了，靈魂仍然存在，可以降禍、賜福子孫。因此，人們每年都要安排時日，進行虔誠祭祀。

　　這種崇拜祖先的觀念一直延續著，形成了中國一種獨特的文化特色，而在其中，對上古之神女媧、中華始祖炎黃二帝、人類始祖伏羲、偉大君主大禹的祭祀尤為隆重而盛大，在中國千百年而長盛不衰。

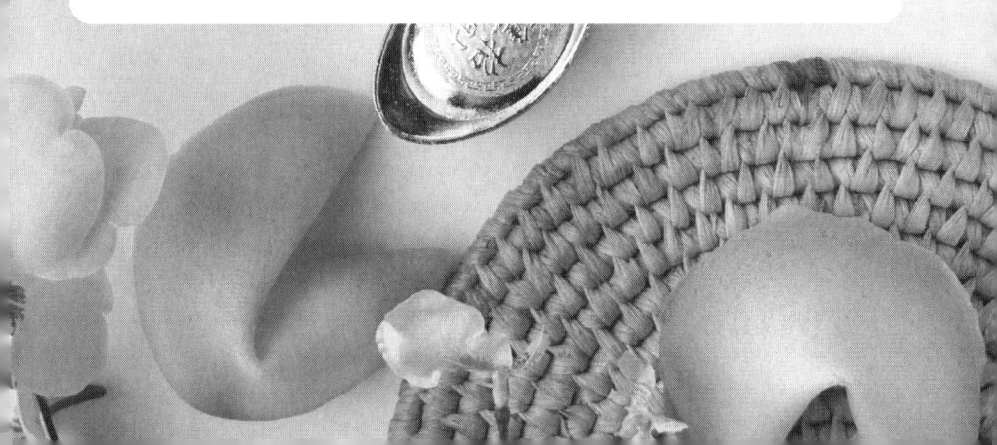

中華民族母親女媧的祭祀

相傳那是在遠古的時候，有個叫華胥的神國，這個神國有個叫華胥氏的公主，她到一個住著雷神的雷澤去遊玩。她看到雷神留下了一個巨大的腳印，好奇地踩了一下，於是便有了身孕。

華胥氏公主懷孕12年後生下一個兒子，這個兒子有蛇的身體、人的腦袋，非常聰明，取名為伏羲。伏羲有一個也是蛇身人首的妹妹，叫做女媧，號曰女希氏。

自從盤古從混沌中開天闢地後，臨死化身，又創造了山川河流、日月星辰、草木蟲魚。有一天，女媧行走在大地上，她感到非常孤獨，覺得應該給天地之間增添一些更加有生氣的東西，使得大地具有活力。

偶然間，女媧來到一處水池邊，清澈碧透的池水，倒映出她那秀美的身影。於是，她抓起地上的黃土，照著自己映在水中的樣子，揉團捏成了一個娃娃形狀的小東西。

說來也很奇異，當女媧把這個泥娃娃放到地面上時，這個小東西就有了生命，眼睛睜開了，嘴巴張開了，還手舞足

蹈、活蹦亂跳地。女媧對這個成果異常欣慰，就為這個泥娃娃取名叫做「人」。

這個「人」的身體雖然很小，但因為是女神親手造的，所以，他與飛鳥、走獸都不同。他集結天地的精華，是萬物中思想最豐富的生命，他有管理大地的智慧。

女媧又繼續用手揉合摻了水的黃泥，造了許多男男女女。女媧想用這些小人去充實大地，但大地畢竟太大了，她工作了很久很久，已經相當疲倦了。

最後她拿起一根繩子，伸到泥漿裡去，然後用力一揮，泥點濺落的地方，立即出現了一個個歡欣跳躍的小人。這些小人成群地走向平原、谷地、山林，從此以後，地球上才有了人類。

後來，女媧教男女結婚生子，教人們結網漁獵，並建立了婚姻制度。據史書《三家注史記‧三皇本紀》記載，女媧還製造了一種叫笙簧的樂器，於是人們又奉女媧是音樂鼻祖之一。

有一年，水神共工和火神祝融因故吵架而大打出手，最後祝融打敗了共工，水神共工因打輸了而羞憤地向西方的不周山撞去。

哪知，那不周山是撐天的柱子，不周山崩裂了，支撐天

尋根問祖─人文始祖祭典

地之間的大柱被折斷了，天倒下了半邊，出現了一個大窟窿，地也陷成一道道大裂紋，山林燒起了大火，洪水從地底下噴湧出來，毒蟲猛獸也出來殘害、吞食人們。人類瀕臨滅絕危機。

女媧目睹人類遭到如此奇禍，感到無比痛苦，於是決心補天，以終止這場災難。她選用各式各樣的五色石子，架起火將它們熔化成漿，用這種石漿將殘缺的天填好，隨後又斬下一隻千年大龜的四腳，當作四根柱子把倒塌的半邊天撐起來。

女媧還擒殺了殘害人們的黑龍，煞住了龍蛇的囂張氣焰。最後為了堵住洪水不再漫流，女媧還收集了大量蘆草，把它們燒成灰，堵塞向四處鋪開的洪流。經過女媧一番辛勞整治，蒼天總算補上了，地填平了，水止住了，龍蛇猛獸斂跡了，人們又重新過著安樂的生活。

但是這場特大的災禍畢竟留下了痕跡。從此天還是有些向西北傾斜，太陽、月亮和眾星辰都很自然地歸向西方，又因為地向東南傾斜，所以一切江河都往那裡匯流。當天空出現彩虹的時候，就是女媧補天神石的彩光。

經過這場浩劫，人類倖存者已經很少。為了使人類能再次增多，女媧便以黃土和泥，用雙手捏起泥人來。每造一

人，取一粒沙作計，終而成一碩石，女媧將其立於西天靈河畔。

此石因其始於天地初開，受日月精華，靈性漸通。不知過了幾載春秋，只聽天際一聲巨響，一石直插雲霄，頂於天洞，似有破天而出之意。

女媧放眼望去，大驚失色，只見此石吸收日月精華以後，頭重腳輕，直立不倒，大可頂天，長相奇幻，竟生出兩條神紋，將石隔成三段，縱有吞噬天、地、人三界之意。

女媧急施魄靈符，將石封住，心想自造人後，獨缺姻緣輪迴神位，便封它為三生石，賜它法力三生訣，將其三段命名為前世、今生、來世，並於其身添上一筆姻緣線，從今生一直延續到來世。

為了更好地約束其魔性，女媧思慮再三，最終將其放於鬼門關忘川河邊，掌管三世姻緣輪迴。當此石直立後，神力大照天下，跪求姻緣輪迴者更是絡繹不絕。

悠久的中華文明史，孕育了美麗的女媧神話傳說。關於女媧的神話傳說主要還有：兄妹結親、摶土造人、製作笙簧、煉石補天、占地移山等。

這些生動的神話故事，重彩描繪了女媧這位上古時期帶領人類治理洪水、孕育人類、建章立制、製作絲竹、創造文

明、推進歷史的始祖形象，高度讚揚了女媧戰天鬥地、征服自然、不屈不撓、仁慈博愛的始祖精神。《淮南子‧覽冥訓》載：

考其（女媧）功烈，上際九天，下契黃壚，名聲照後世，光輝熏萬物。

這位開宇宙、立世界的人類母親，將永遠被後世所崇敬。

在中國，還有人認為女媧是一個真實存在過的歷史人物，主要活動於黃土高原，她的陵寢位於山西臨汾的洪洞縣趙城侯村。女媧陵的存在時間可能在三、四千年以上，和黃帝陵一樣，也是中國古代皇帝祭奠的廟宇。當地在每年農曆三月初十前後，均舉行長達7天的大型廟會和祭祀活動。

其實，關於對女媧進行祭祀始見於東漢王充的《論衡‧順鼓篇》，書中記載：

久雨不霽，則攻社，祭女媧。

久雨而祭女媧，跟治水有關，順鼓篇女媧是旱神。專設女媧皇祠進行祭祀，最早見於北魏酈道元的《水經注》：

瓦亭水又西南出顯親峽，石宕水注之。水出北山，山上有女媧祠。庖羲之後有帝女媧焉，與神農為三皇矣。

瓦亭水流出北山，是謂成紀水，女媧祠在成紀。成紀水有二說，一謂天水成紀，一謂渭水支流葫蘆河，也就是瓠河成紀。

從女媧祠祭祀意義上來說，無所謂天水、渭水葫蘆河成紀，二者同源。北魏轄境內，也有陝西潼關等諸女媧山。北魏三皇祭，是伏羲、女媧、神農。唐末五代前蜀杜光庭的《錄異記》記載：

> 陳州不太昊之墟，東關城內，有伏羲女媧廟。

河南陳州伏羲女媧廟，能夠回溯《山海經・大荒南經》記載的魟姓之國南境陳州山。不太昊，即祭壇、甕衾。可見，女媧廟廣泛分布在中國的廣闊土地上。

其中位於甘肅東南部的秦安號稱「女媧故里」，據《水經注》記載，秦安縣城北面，山上有女媧祠，此地有風姓命名的風溝、風臺、風塋等地名，媧皇、鳳尾、龍泉等村名，傳說女媧生於風溝，長於風臺，葬於風塋。後來，這裡隴城鎮的人們為了紀念女媧，就自發籌資在原址重新建起一座仿古式女媧大殿。

在秦安隴城鎮的風溝懸崖上，一直都有一處深不見底的女媧洞，鎮北門外有一口大井，世稱龍泉，據傳是女媧搏土造人用水之泉。鎮南門有一座氣宇軒昂、雕梁畫棟的女媧

廟，大殿正中央有女媧氏塑像，生動再現了女媧「煉石補天」和「搏土造人」的情景。

女媧做為氏族女神，歷來都享受著國家和民間的供奉，自商周以來就形成了祭祀女媧的人祖廟，後來經過國家的提倡和宣傳，祭祀規模越來越宏大。每年的仲春之月，虔信女媧的人們都要來廟裡進香拜祭，並舉行盛大的公祭和民祭活動。

民祭是中國民間自發組織的一種祭祀女媧活動，是當地人們最為重視的祭祀形式。每到這天，附近十里八村的村民們都會自發前來祠堂祭拜。

這裡的人們對女媧的傳說深信不疑，談起女媧，他們都會以一種崇敬的神情，指著附近的山岡和丘陵，介紹「風谷」、「風臺」和「風塋」。他們說這三個以「風」命名的場所，分別是女媧出生、成長和辭別人間的地方，這些地方一直都遺留著女媧在此生活過的痕跡。

祭祀一般進行5天，從農曆三月十一日開始設壇拜祭，十二日取龍泉聖水灑壇祈福，以保民安，十三日風溝迎接鑾駕，十四日鳳臺迎饌，十五日上午正壇祭祀。

公祭保留著最傳統的祭祀方式，舉行公祭符合群眾的心願，人們在每年正月十五都會自發祭祀女媧，公祭肯定了人

們尊敬祖先的傳統美德。

儀式開始前，民間的祭師就會身著法衣、手持笏板、頭戴「三清冠」，守在即將供奉給女媧的「三牲」和「五穀」旁邊。緊接著擊鼓鳴鐘，先擊鼓34咚，代表整個國家共同祭祀女媧，緊接著鳴鐘九響，代表中華民族傳統最高禮數。

儀式開始後，伴隨著禮樂，祭師和其他民間祭師及數十位年長的「鄉老」一起，進入女媧祠並獻上供品和宣讀祭文。取龍泉水向萬民祈福，向媧皇聖像行禮，祭祀儀式古老，風格典雅。

在中國，女媧文化歷史悠久，內涵極為豐富，她是人類始祖文化的傑出代表，主要包括國家和民間對人類始祖女媧摶土造人、煉石補天、斷鰲足、立四極、治洪水、通婚姻、作笙簧等功德的朝拜和祭祀，其主要形式為傳統媧皇宮三月廟會、期間的民祭、公祭、重溫神話傳說、女媧傳說中造福於民的故事。並進行村名地名關係的溯源和婚嫁、生育、人生禮俗、歲時節慶等。

中國民間相傳農曆三月十八日為女媧生日，從農曆三月初一開始，到三月十八日，為媧皇宮廟會。廟會期間，民間祭祀以擺社為主要形式。

周邊地區擺社以福建漳州、泉州、山西長治、榆次為

主,每年農曆三月十八日,組織百餘人,全套祭祀器具設備,到涉縣媧皇宮尋根祭祖,謁拜女媧。

本地幾乎村村有社,甚至一村多社,從清康熙年間後,上頂朝拜的有七道社,分別為曲峧社、石門社、七原社、溫村社、索堡社、桃城社和唐王峧社。

農曆三月初一,各社組織人員,多則上千人,少則幾百人,全副古裝穿戴。祭品有三牲太牢、時果三珍、饅首乾果等,祭器設備有金瓜鉞斧朝天鐙、祭旗、功德旗、黃龍旗、五彩旗等。祭祀隊伍一字長龍,浩浩蕩蕩,甚是壯觀。民間活動融入了音樂、舞蹈、服裝、道具等極為豐富的文化內涵。

除集中民間祭祀擺社外,從三月初一開始,各地零散香客雲集媧皇宮,祈禳還願,整月川流不息。祈禳內容包括求福、求壽、求財、求前程、求子、求平安、求康健、問前程等;形式有坐夜、打扇鼓、撒米、結索開索、披紅、壘石子、結紅布、綁娃娃、開鎖等,豐富多彩,不一而足。

還願即祈禳時所許之願,在達到目的後的兌現之舉,帶上祭品、香紙、鞭炮等,到媧皇宮拜謁媧皇聖母。這種民族認同感和文化認同感,形成了豐厚的民俗文化氛圍。

進香朝拜的時間不太固定,一般多在農曆每月的初一或十五日,平時也可。形式多為燒香叩首,進香朝拜,目的不

外乎祈求國泰民安，物阜民豐，風調雨順，五穀豐登，萬事如願，全家安康等。

政府公祭也是女媧祭祀的一個重要環節，根據清代嘉慶《涉縣誌》記載：

> 我朝順治、康熙、雍正間歷經修理，每年以三月十八為神誕日，有司致祭，自月初一訖二十啟廟門，遠近士女全集。

表明從清朝就已有公祭，公祭女媧大典，女媧文化歷史悠久，內涵極為豐富，她是人類始祖文化的傑出代表。

女媧文化中還有很多內容與生活中的禮俗、習俗有連繫。比如，相傳伏羲、女媧兄妹成親，由於害羞，女媧用草簾遮住臉，伏羲則用土把臉塗黑，兩人才入了洞房。涉縣的婚禮習俗中，新娘要蒙紅蓋頭，新郎則用鍋底灰把臉抹黑，這一習俗的起源就與女媧兄妹成親的傳說有關。

由於在神話傳說中，女媧創造了華夏先民，所以在涉縣人民心中她不僅承擔起了送子的重任，還要保佑孩子平安長大。遠近的青年男女結婚後，如不生育，婆婆大都要帶媳婦到媧皇宮來求子，媧皇奶奶送子後還要把小孩的真魂鎖在媧皇宮裡照看，不被邪門歪道奪去，直到13歲成人時父母再帶孩子來媧皇宮開鎖，把孩子領回家去。

開鎖時要由三個不同姓氏的人邊唱開鎖歌，邊用荊條拍打孩子，每人反覆開鎖三次。唱詞多是保佑孩子健康、聰明的詞句，比如：天門開、地門開，奶奶面前開鎖來，頭上打打，精明伶俐，腳下打打，長命百歲。

開鎖儀式也是一種較早期的成人禮。涉縣的村名、地名很多與女媧文化有關，如彈音村與女媧造笙簧有關，磨盤山與女媧造人有關，桃城村與女媧教民種植有關。

女媧，華夏先民最偉大的母親，每當正月初一、正月十五、端午節、七夕節、中秋節等重要歲時節慶日，人們都要到媧皇宮拜謁女媧，並把這些節慶當作女媧賜給他們的幸福和節慶歡樂。

女媧文化作為始祖文化的重要組成部分，長期以來都有著豐富的文化內涵，有神話傳說故事、民間祭祀朝拜、祈禳還願、史料記載等內容，且流傳地域廣泛，婦孺童叟皆知，久傳不衰，有口皆碑。

長期的祭祀活動形成了厚重的女媧文化，伴隨著祭祀活動，同步產生了祭祀音樂、祭品文化、祭器文化、服裝文化，在打扇鼓、坐夜、求應等朝拜形式上也有很高的民俗研究價值，對於滿足人類的祈禳、求應增加了豐富的內容，融入了豐富的文化內涵。

【旁註】

八卦：代表了易學文化，八卦傳說起源於三皇五帝之首的伏羲，八卦表示事物自身變化的陰陽系統，用「—」代表陽，用「— —」代表陰，用三個這樣的符號，按照大自然的陰陽變化平行組合，組成八種不同形式，叫做八卦。

共工：中國古代神話中掌控洪水的水神，與驩兜、三苗、鯀同為四大凶神，性格衝動暴躁，是個膽壯氣粗卻脾氣耿直的神靈。傳說共工曾撞斷了用來給天地之間支柱的不周山，震得天空的日月星辰都變了位置，大地上的河流都改了走向。

靈符：中國道教中具有神力符咒的一種除魔降妖、祈願祝福工具，靈符的種類繁多，用途相當廣泛，大致可分為祈福開運符、鎮宅符、護身平安符、催財符，和合的情緣符、姻緣符、化煞符、解降符、斬鬼符等。

《淮南子》：又名《淮南鴻烈》、《劉安子》，是中國西漢時期創作的一部論文集，因西漢皇族淮南王劉安主持撰寫而得名。《淮南子》在繼承了先秦道家思想的基礎上，綜合了諸子百家學說中的精華部分，對後世研究秦漢時期文化發揮了不可替代的作用。

《論衡》：為東漢王充所作，王充在《論衡》中，充分利用

科學知識為武器，無情地批判了天人感應說和讖緯迷信。《論衡》不但是中國古代思想史上一部劃時代的傑作，而且也是中國古代科學史上極其重要的典籍。

杜光庭（西元850年～西元933年）：字聖賓，號東瀛子，縉雲人。一生著作頗多，有《道德真經廣聖義》、《道門科範大全集》、《廣成集》、《洞天福地嶽瀆名山記》、《青城山記》、《武夷山記》、《西湖古蹟事實》等。古代著名傳奇小說《虯髯客傳》相傳係他所作。

《水經注》：是西元6世紀北魏時酈道元所著，全書三十多萬字，詳細介紹了中國境內1,000多條河流以及與這些河流相關的郡縣、城市、物產、風俗、傳說、歷史等。《水經注》還記錄了不少碑刻墨跡和漁歌民謠，是中國古代較完整的一部以記載河道水系為主的綜合性地理著作。

農曆：中國長期採用的一種傳統曆法，這種曆法以太陽曆安排了二十四節氣以指導農業生產活動，故稱農曆。實際上農曆與陰曆是不同的。陰曆以朔望的週期來定月，用置閏的辦法使年平均長度接近太陽回歸年，又有夏曆、漢曆等名稱。

笏板：又稱手板、玉板或朝板，用玉、象牙或竹製成，是中國古代臣下上殿面君時的工具。古時候文武大臣朝見君

王時,可以用笏來記錄君王的命令或旨意,也可以將要對君王上奏的話記在笏板上,以防止遺忘。

祭器:祭祀時所陳設的各種器具。古代的祭器多瓷器,陶器,銅器,或鐵器等,古人祭祀很少用鐵器,不是因為容易生鏽,而是古人認為「鐵以鎮魂」,故有「棺不見鐵」之說等,鐵會鎮懾祖宗亡靈,所以是忌諱鐵器的。

打扇鼓:又叫扇鼓舞,使用扇鼓、馬鞭這2種道具,扇鼓由鼓面和鼓把組成,鼓面是一個圓鐵環,其上覆蓋羊皮,鼓把是一鐵棍,下端有鐵環,環上掛小銅鈴,其形頗像團扇,故稱扇鼓。

【閱讀連結】

中國民間相傳在女媧造人之前,於正月初一創造出雞,初二創造狗,初三創造豬,初四創造羊,初五創造牛,初六創造馬,初七這一天,女媧用黃土和水,仿照自己的樣子造出了一個個小泥人,她造了一批又一批,覺得太慢,於是用一根藤條,沾滿泥漿,揮舞起來,一點兒一點兒的泥漿灑在地上,都變成了人。為了讓人類永遠地流傳下去,她創造了嫁娶之禮,自己充當媒人,讓人們懂得「造人」的方法,憑自己的力量傳宗接代。

中華始祖軒轅黃帝的祭典

那是上古的時候，華夏部落降生了一個神奇的男孩，據傳他出生幾十天就會說話，少年時思維敏捷，青年時敦厚能幹，成年後聰明堅毅。

這個男孩因為居住在軒轅之丘，就是後來的河南新鄭的西北，因此以「軒轅氏」為號，人們稱他為軒轅。也有說因為他發明了軒轅，就是一種古老的車，所以人們稱他為軒轅。

軒轅繼承了有熊部落的首領之位後，因為這個氏族居住在黃土地上，人們在黃土地上耕種生存，以地為大，於是就把軒轅首領稱為黃帝，就是管理整個黃土的帝。

黃帝繼承部落首領後，有熊氏的勢力得到迅速發展，並形成了一個獨立的黃帝部落。黃帝部落在從姬水向東發展的過程中，將原始農業發展到高度繁榮的階段，使本部落迅速發展壯大。

黃帝當政期間，九黎族部落首領蚩尤暴虐無道，到處發動兼併之戰。蚩尤在向炎帝部落發動戰爭時，由於炎帝部落以農耕為主，不敵蚩尤的進攻。炎帝無奈，只好求助於黃帝。

黃帝毅然肩負起安定天下的責任。黃帝與蚩尤大戰於涿鹿，雙方的戰士英勇無畏，戰鬥十分激烈。黃帝在大將風后、力牧的輔佐之下，終擒蚩尤而誅之，各部落於是尊黃帝為部落聯盟首領，這樣黃帝便成為了天下的共主。因黃帝有土德之瑞，是管理整個黃土的，所以沿襲尊稱為黃帝。

　　不久，天下又出現騷亂。黃帝知道蚩尤的聲威還在，於是畫了蚩尤的面相到處懸掛。天下的人都以為蚩尤未死，只是被黃帝降服了，於是更多的部落都來歸附。後來，蚩尤被尊為戰神。

　　炎帝雖然被蚩尤打敗，實力尚存。他不滿黃帝成為天下共主，企圖奪回失去的地位，於是起兵反抗。炎、黃二帝發生火拼，決戰在阪泉之野。經過三場惡戰，黃帝得勝。從此，黃帝天下共主的地位最終確立，號令天下，凡是不順從的部落，他就去加以討伐。

　　黃帝在位時間很久，國勢強盛，政治安定，文化進步，有許多發明和製作，如文字、音樂、曆數、宮室、舟車、衣裳和指南車等。相傳堯、舜、禹、皋陶、伯益、湯等均是他的後裔，因此黃帝被奉為中華民族的共同始祖。

　　黃帝是中國遠古時期的部落首領，是原始社會父系時期的代表性人物，以其文治武功統一了當時各個氏族部落，成

為中華民族最早的一位領袖人物，開創了人類從野蠻走向文明的一系列物質文明和公德心，開啟了中華民族燦爛文化的篇章，因此被尊為中華民族的人文初祖，是中國古代文明的象徵。

古代的人們認為「萬物本乎天，人本乎祖」，因而非常重視對祖先的祭祀，黃帝去世後，對黃帝的祭祀又逐漸展現出一種新的跡象，黃帝不但作為華夏民族的始祖，還贏得了其他部族的崇敬。

後世子孫為了表達對黃帝功績的懷念與感戴，對他進行隆重的祭祀。據馬驌《繹史》引證《竹書紀年》及《博物誌》記載：

黃帝崩，其臣左徹取衣冠幾杖而廟祀之。

黃帝祭祀便從此開始，據《禮記》記載，虞、夏、商、周都祭祀黃帝。此後，歷經秦漢、魏晉、隋唐、宋、元、明、清各朝代，對黃帝的祭祀，上至王宮貴族，下至黎民百姓，歷經千年而不衰，正反映了中華民族對先祖的「報功崇德」、「繼志述事」，「慎終追遠」，「民德歸厚」的民族精神和情操。

隨著歷史的演變，黃帝陵祭祀活動在長期的實踐中成為國家盛典，形成了既定的規模形式和祭典禮儀，大致可分為公祭和民祭兩種形式。

遠古時期人們對於祖先的祭祀主要是郊、祖、宗三大類，所謂郊，就是在祭祀上帝的同時還祭祀祖先。黃帝崩，當時人們自然要根據傳統習慣祭祀黃帝。

在古代，各部族祭祀的對象和內容都是互不相關的。《左傳》說：神不歆非類，民不祀非族。所以黃帝的祭典也可能在本族內部流行了相當長的時期，在當時祭祀始祖的褅禮中，黃帝占有很重要的地位。

作為天帝之一的黃帝祭祀在春秋戰國時代，隨著陰陽五行學說的流行和發展，出現了六天說，而黃帝作為五方帝之一，在郊天之禮中得到附祭，有時還得到特祭。在天帝祭典中與黃帝之祭有較多關係的有圜丘祭天和「五郊」。

兩漢以後，黃帝作為歷代帝王之一，在中央的三皇五帝廟中得到祭祀，時間一般是春、秋兩次祭祀。可以斷定，在唐玄宗天寶六年，即已有較固定的祭禮、祭器規定，而這些規定一直延續到清代，黃帝祭典開始成為定製，只有個別細節在不同朝代有所變化。

這種祭典大致有三類內容，其一是作為天帝之一在郊祭天地的大典中得到附祭，其二是作為歷代帝王之一在歷代帝王廟中被祭祀，其三是作為帝王陵寢之一的黃帝陵受到祭祀。

作為始祖的黃帝祭祀據《國語‧魯語》記載，有虞氏和夏后氏都將黃帝視為自己的始祖加以祭祀。在古代，祭祀始祖的具體禮儀可分兩類：一是在祭天之禮中配祭始祖；二是在宗廟舉行的禘祫之禮和時享之禮中加以祭祀。

祭天之配祭禮儀，包括很多重要的環節。首先，君主要先進行齋戒，安排相關人員，安置黃帝神主於上帝神主之左，在黃帝神主前，放置牛、羊、豕三牲及其他祭器。準備相應祭品。

緊接著，就是祭日早晨了，禮官請上帝神主至神壇時，也請黃帝神主。皇帝就祭壇。皇帝是上帝神、黃帝神主前上香，請神降臨。並奠玉帛、進俎。皇帝及眾官俱跪讀祝文，根據《大唐開元禮》規定，皇帝恭讀祭文為：

維某年多次月朔日，用致火香祀於皇天上帝，優唯慶流長發，德冠思文，對越昭升，永言配命，謹以製帛犧齊，粢盛庶品，式陳明薦，侑神做主、尚享。

讀完祭文，皇帝再向上帝神和黃帝獻爵，行亞獻禮、終獻禮、飲受福胙，撤饌，最後送神，望燎，祭祀儀式結束。

值得一提的是，公祭軒轅黃帝典禮儀式上，一般都會供奉著鼎、俎、簠、尊、壺、爵、籩、編鐘等祭器和各種極具民族文化傳統的器具。

按照中華文化傳統，祭器展現著祭祀者對受祭者的尊重程度和祭祀的禮儀等級，是各種祭祀禮儀中備受關注的一個因素。

黃帝是中華民族人文初祖，公祭軒轅黃帝典禮作為國家級的大祭，應該享有最高等級的祭祀禮儀。歷朝歷代對黃帝的祭祀，使用的都是天子級別的「九鼎八簋」，也是國家最高禮儀等級。

早在周代時期，青銅器就是貴族世家的象徵了，也是廟堂中不可或缺的器具。周代以後包括明清在內歷朝歷代的宗廟祭祀、三皇五帝祭祀、孔廟祭祀，以及天壇、社稷的祭祀等，也都使用青銅禮器，樣式都是仿自商周。

在清明公祭軒轅黃帝的典禮儀式上，供奉的鼎、俎、簋、尊、壺、爵、籩、編鐘等祭器就是按照這一原則供奉的。在黃帝陵公祭的典禮上，就供奉了共58件、套的祭器，其中就有鼎一列九件。

這九件鼎的原型採用西安長安區出土的鉤連雷紋鼎，形制紋飾相同，大小相次，最大的通耳高135公分，最小的通耳高55公分，圓形，窄平沿，雙立耳，圓底，三條柱腳，內壁鑄篆書銘文，內容為：

赫赫吾祖，德惠永長；祚我華夏，彌剛彌強；載寧九州，民富小康；鼎鑄盛世，用祀永享。

俎九件，與九鼎配套，原型採用《商周彝器通考》著錄中的獸面紋俎，形制、紋飾、大小相同，通高46公分，長88公分，寬22公分。

簋八件，與九鼎配套，原型採用陝西涇陽高家堡出土的夔龍紋方座簋，形制、紋飾、大小相同，通高40公分。

尊四件，其中圓尊兩件，原型採用陝西扶風出土的商尊；方尊兩件，原型採用榮子方尊，均通高65公分。

壺四件，其中圓壺兩件，原型採用陝西扶風出土的微伯壺，直口長頸，圓腹圈足，頸部有一對銜環獸首耳；方壺兩件，原型採用陝西眉縣出土的單五父壺，圓角方形，直口長頸，頸部有一對銜環顧龍形耳，均通高65公分。

爵四件，原型採用陝西扶風出土的父辛爵，通高60公分。

籩八件。原型採用陝西扶風出土的微伯興鋪，直口淺盤，喇叭形鏤空座，通高25公分。

還有其他小件共九件，其中小爵四件，作祭酒之用，通高22公分；燭臺四件，仿河南三門峽出土的跽坐人漆繪燈，跽坐人頭梳偏髻，著小冠，身著右衽長袍，腰束寬頻，雙手撐掌燈柄，燈作淺盤形，通高35公分；香爐一件，仿曾侯乙鼎，淺腹平底，兩耳外張，三足呈獸蹄形，通高35公分，口

徑 45 公分。

此外，還有編鐘、編磬和建鼓各一套。在黃帝像前方的左右側設有編鐘、編磬和建鼓各一套。鐘、磬和鼓這些打擊樂器在古代祭祀和宴享中同樣占有重要的地位，是不可或缺的禮器。編鐘原大仿製湖北隨州市擂鼓墩出土的曾侯乙編鐘，全套共 65 件，重 5 噸。

編磬放置在黃帝像前方的左側，與編鐘相配套，共 32 枚，仿湖北荊州出土的彩繪編磬製作。建鼓亦放置在黃帝像前方的左側，仿曾侯乙建鼓製作。

當然，黃帝作為始祖被祭祀，最重要的祭地就是祖廟。後世一般把陝西黃陵縣的黃帝廟視為黃帝祖廟，從唐代宗大曆七年至後來的歷朝歷代都不同程度地多次對黃帝廟進行了整修、修葺。

除了政府舉行莊重的公祭之外，民間也會舉行各式各樣熱鬧的民祭黃帝的活動，民祭開始後，全場肅立，鳴炮奏樂，敬獻三牲，擺放貢品，焚香點照，向軒轅殿軒轅黃帝聖像行三叩首禮，恭讀拜祖文，並拜謁祖殿，此後還會舉辦形式各樣的祭祀活動。

祭祀是中華民族緬懷先賢、先祖的傳統習俗，在古代祭祀是國之大事，古語云：「國之大事，在祀在戎」。黃帝陵祭

祀在中國民族文化和中國社會、政治、生活中長期產生重大的影響，與中國的儒家思想、道家思想及其當時的政治、軍事、文化、科技、建築、藝術、教育、音樂的傳統密切相關，蘊藏著豐富的歷史文化內涵。

而黃帝開創的中華民族文化及其民族精神，在民族發展史上的作用是全面的、深入的、無所不包的。之所以要祭祀黃帝，就是要弘揚黃帝文化，傳承黃帝精神，繼承祖先遺志，奮發圖強，繼往開來。

【旁註】

蚩尤：上古時代九黎族部落的酋長，也是苗族相傳的遠祖之一，中國神話中的古代戰神。傳說蚩尤的身體異於常人，銅頭鐵額，刀槍不入，作戰時善於使用刀、斧、戈作戰，不死不休，勇猛無比。

皋陶：偃姓，又作咎陶、咎繇，也作「皐陶」、「皐繇」或「皐繇」，中國古代傳說中的人物。史書典籍中多稱為「大業」，傳說他是中國上古「五帝」之首的少昊的後裔，東夷部落的首領。皋陶是舜帝和夏朝初期的一位賢臣，以正直聞名天下，是上古中華第一任司法部長和首席大法官，後常為獄官或獄神的代稱。

《繹史》：清代馬驌撰，史學書籍。《繹史》共 160 卷，正文分為太古、三代、春秋、戰國和外錄五部分，書後還列世系圖表與正文配合，這在以往的史書中屬前所未有，「卓然特創，自為一家之體」。

《左傳》：原名為《左氏春秋》，漢代改稱《春秋左氏傳》。《左傳》相傳是春秋末年左丘明為解釋孔子的《春秋》而作，但實質上是一部獨立撰寫的史書。《左傳》起自西元前 722 年，訖於西元前 453 年，以《春秋》為本，透過記述春秋時期的具體史實來說明《春秋》的綱目，是儒家重要經典之一。

《國語》：中國最早的一部國別體著作。記錄了周朝王室和魯國、齊國、晉國、鄭國、楚國、吳國、越國等諸侯國的歷史。上起周穆王西征犬戎，下至智伯被滅，包括各國貴族間朝聘、宴饗、諷諫、辯說、應對之辭以及部分歷史事件與傳說。

《大唐開元禮》：唐開元中敕撰，一百五十卷。唐初禮司無定製，遇事臨時議定禮儀。開元中從張說奏，取貞觀、顯慶禮書，折衷異同，以為定製。由徐堅等創始，蕭嵩等完成。

編鐘：中國古代漢族的大型打擊樂器，編鐘興起於西周，盛於春秋戰國直至秦漢，中國是製造和使用樂鐘最早的

國家。它用青銅鑄成,由大小不同的扁圓鐘按照音調高低的次序排列起來,懸掛在一個巨大的鐘架上,用丁字形的木錘和長形的棒分別敲打銅鐘,能發出不同的樂音,因為每個鐘的音調不同,按照音譜敲打,可以演奏出美妙的樂曲。

銘文:銅器研究中的術語。本指古人在青銅禮器上加鑄銘文以記鑄造該器的原由、所紀念或祭祀的人物等,後來就泛指在各類器物上特意留下記錄該器物製作的時間、地點、工匠姓名、作坊名稱等的文字。

建鼓:古稱足鼓、晉鼓、楹鼓、植鼓、懸鼓。蒙古、滿、漢等族棰擊膜鳴樂器,曾為歷代宮廷所用。建鼓的歷史悠久,三千年前的商代至西周之際已有此鼓,是中國出現最早的鼓種之一,戰國時代已廣泛應用。

【閱讀連結】

傳說黃帝發明一種帶輪子的運輸工具。倉頡起名叫「車」,成為遷徙游牧生活的運載工具,大大減輕了先民的體力。為讓人們永遠記住這個功勞,倉頡和各位大臣商議,命車為「軒轅」。黃帝當時沒有一個正式名字,就以「軒轅」作為黃帝的正式名字。

黃帝被先民們擁戴為尊長,一直沒有正式「職稱」。大

臣們起了很多尊稱，黃帝都不同意。最後，黃帝覺得，土是黃色，土能生萬物，土是人們生存的靠山，先民們又是黃皮膚，所以確定自己的尊稱是「黃地」。從此，「軒轅黃地」就定了下來。殷商時代，一些文人覺得把祖先稱「黃地」不雅，藉故「地」和「帝」諧音，把「黃地」改為「黃帝」，「軒轅黃帝」從此沿用下來。

形式不斷豐富的炎帝祭祀

據說，中國古時候東方九黎族的首領蚩尤族善於製作兵器，其銅製兵器精良堅利，而且部眾勇猛剽悍，生性善戰，擅長角觝，在進入華北地區後，首先與炎帝部族發生了正面衝突。

蚩尤族聯合巨人夸父部族和三苗一部，用武力擊敗了炎帝族，並進而占據了炎帝族居住的「九隅」，即「九州」。炎帝族為了維持生存，於是向黃帝族求援。

黃帝族答應了炎帝族的請求，將勢力推向了東方。這樣，便和正乘勢向西北推進的蚩尤族在涿鹿地區相遇了。當時蚩尤族集結了所屬的81個支族，在力量對比上占據了數量優勢。

雙方接觸後，蚩尤族便倚仗人多勢眾和武器優良等條件，主動向黃帝族發起攻擊。黃帝族則率領以熊、羆、狼、豹、貙、龍、鶡等為圖騰的氏族，迎戰蚩尤族，並採取「應龍高水」的方式，就是利用位處上流的條件，在河流上築土壩蓄水，以阻擋蚩尤族的進攻。

形式不斷豐富的炎帝祭祀

「戰爭」爆發後，適逢濃霧和大風暴雨天氣，這很適合來自東方多雨環境的蚩尤族展開軍事行動。所以在初戰階段，適合於晴天環境作戰的黃帝族處境並不有利，曾經九戰九敗。然而沒過多久，雨季過去，天氣放晴，這就給黃帝族轉敗為勝提供了重要契機。

黃帝族掌握戰機，在玄女族的支援下，乘勢向蚩尤族發動反擊。其利用特殊有利的天候，一舉擊敗敵人，並在冀州之野擒殺其首領蚩尤，涿鹿之戰就這樣以黃帝族的勝利而宣告結束。戰後，炎黃族乘勝東進，一直進抵泰山附近，在那裡舉行「封泰山」儀式後方才凱旋西歸。

同時，炎帝還「命少皞清正司馬鳥師」，即在東夷集團中選擇一位能附眾的氏族首長名叫少皞清的繼續統領東夷部落聯盟，並使東夷集團和自己的炎黃集團互結為同盟，形成了最初的華夏部落聯盟。

炎帝神農氏在教民耕種的過程中發明了耕播工具。《周易‧繫辭下》載：「包犧氏沒，神農氏作。斲木為耜，揉木為耒。耒耨之利，以教天下，蓋取諸益。」《禮‧含文嘉》說，神農氏「始作耒耜，教民耕種」，都講到炎帝神農氏製作的耕播工具耒耜。耒耜的創造和推廣使用，極大地促進了農業生產的發展。

隨著種植業的興起，人們的食物逐漸有了剩餘。於是，炎帝部落把野生的豬、狗、羊、鳥、牛、雞等進行人工飼養，既作為他們的肉食，又馴其畜力服務於人，由此又出現了畜力農耕。東漢學者王充所著的《論衡》中載述炎帝之世，神農氏「煮馬屎以汁漬種者，令禾不蟲」，便是當時畜牧飼養業的寫照。

為了促使人們有規律地生活，按季節栽培農作物，炎帝神農還立曆日，立星辰，分畫夜，定日月，月為三十日，十一月為冬至。

炎帝管理部落，治理天下很有方法。他不望其報，不貪天下之財，而天下共富之。智貴於人，天下共尊之。他以德以義，不賞而民勤，不罰而邪正，不忿爭而財足，無制令而民從，威厲而不殺，法省而不煩，人民無不敬戴。

炎帝還是中國教育的始祖，他教民使用工具，教民播種五穀，教民醫藥，教民製陶、繪畫，教民弓箭、獵獸、健身，教民製琴、教民音樂、舞蹈，還教民智德。可見，炎帝時期，德、智、體、美得到了全面重視和發展。

炎帝對人類的發展做出了巨大的貢獻。炎帝精神，集中表現在創業精神，奉獻精神，敢為人先的創造精神，百折不撓，自強不息的進取精神。

形式不斷豐富的炎帝祭祀

炎帝精神使中華後裔在與自然和社會的鬥爭中，擺脫愚昧和野蠻，追求先進與文明。這種精神使華夏民族獲得了高度的團結和統一，他與黃帝結盟並逐漸形成了華夏族，因此形成了炎黃子孫。所以，人們便舉行祭祀活動來懷念炎帝。

春秋末年左丘明為解釋孔子的《春秋》而作的《左傳》中記載說：

神不歆非類，民不祀非族。

這句話說明在遠古時期，各部族祭祀的祖先和神是獨立的。因此，在相當長的時間裡，炎帝首先應該是在自己的姜炎部族內部得到祭祀的。

戰國時期，隨著大一統意識和大一統趨勢的加強，炎黃二帝的地位顯著提升，得到了越來越多諸侯國和部族的祭祀，但這種祭祀主要是天帝祭祀和帝王祭祀，以血緣為紐帶的始祖祭祀不占主要地位。

後來，受陰陽五行學說和方士造神運動的影響，原本為人祖的炎帝和黃帝等一起演化為天神，成為五方帝之一，成為時祭、郊祭的對象之一。《周禮·春官·小宗伯》記載說：

小宗伯之職，掌建國之神位，右社稷，左宗廟。兆五帝於四郊，四望、四類亦如之。

秦靈公三年，也就是西元前 422 年，曾經分別祭祀炎黃二帝：

>作吳陽上畤，祭黃帝；作下畤，祭炎帝。

到了戰國中期，鄒衍在陰陽五行說的基礎上創立了五德終始說。鄒衍認為木剋土、金剋木、火剋金、水剋火、土剋水，王朝更替是五行相剋的產物。

《呂氏春秋》「十二紀」中把五帝與五行、四時相配，他的〈孟夏紀〉、〈仲夏紀〉、〈季夏紀〉等著作中都說：「其日丙丁。其帝炎帝。其神祝融。」《禮記·月令》中也有類似的說法，《孔子家語·五帝》說：

>昔丘也聞諸老聃曰：「天有五行，木、火、金、水、土，分時化育，以成萬物，其神謂之五帝。古之王者，易代而改號，取法五行，五行更王，終始相生，亦象其義。故其為明王者，而死配五行，是以太皞配木、炎帝配火、黃帝配土、少皞配金、顓頊配水。」

孔子清楚地說明了五帝的由來。同樣是在戰國時期，「方術之士為取信諸侯而為歷史人物製造神聖故事，使戰國發生了一場造神運動」，方士造神的結果是將「歷史神話化」，將炎帝等遠古人物送上了神壇，作為天帝受到祭祀。炎帝作為天神受到祭祀，主要有圜丘配祭、五方帝配祭、蠟祭、明堂

祭、先農壇祭等。

到了漢代，漢高祖劉邦「赤帝子斬白帝子」的故事，為自己建立的新政權尋找合理性。光武帝劉秀建立東漢政權時再度藉助「赤帝子」的故事，聲稱「漢」為火德。有「漢」一代，炎帝地位頗高，但並未獲得始祖的地位。

倒是魏晉南北朝時，北周和北齊政權自稱為炎帝之後。《周書‧文帝紀》載：「太祖文皇帝姓宇文氏，諱泰，字黑獺，代武川人也。其先出自炎帝神農氏，為黃帝所滅，子孫遁居朔野。」

在此之後的許多帝王，都自稱是炎帝的後代，但是對炎帝的祭祀卻並非始祖祭祀，仍為天帝祭祀和帝王祭祀，只是地位更尊貴罷了。

直到唐代開始，炎帝才作為有功德之遠古帝王，在三皇廟、帝王廟中受到祭祀。唐玄宗時「於京城置三皇、五帝廟，時時享祭」。西元734年正月，唐玄宗下詔曰：「古聖帝明王、岳瀆海鎮，用牲牢，餘並以酒脯充奠祀。」西元747年正月，唐玄宗又詔曰：

> 敕三皇五帝，創物垂範，永言龜鏡，宜有欽崇。三皇伏羲，以句芒配；神農，以祝融配；黃帝，以風后、力牧配……其擇日及置廟地，量事營立。其樂器，請用宮懸。祭請用少牢。仍以春秋二時致享。共置令、丞，令太常寺檢校。

此後歷代皆在三皇廟、帝王廟中祭祀炎帝。《大明會典》卷九一載洪武二十六年,遣祭歷代帝王的禮儀。首先,在祭祀的前一天,要舉行齋戒,太常官宿於本司。次日,具本奏,致齋二日,傳制遣官行禮。

緊接著,傳制、省牲,一般是牛五、羊五、豕六、鹿一、兔八的規格,凡正祭前一日,獻官都要將這些承製完畢。

正祭是炎帝祭祀中最為重要的一個環節,正祭開始後,典儀唱樂舞生就位,執事官各司其事。贊引引獻官至盥洗所。贊:「搢笏、出笏。」引至拜位,贊:「就位。」典儀唱迎神,協律郎舉麾奏樂,樂止,贊四拜。

典儀唱奠帛,行初獻禮。樂作,執事官各捧帛爵進於神位前,贊引贊詣三皇神位前,搢笏,執事官以帛進於獻官,奠訖,執事官以爵進於獻官,贊獻爵,出笏;詣五帝神位前,詣三王神位前,詣漢高祖、光武、唐太宗皇帝神位前,詣宋太祖、元世祖神位前,出笏。

詣讀祝所。跪。讀祝。讀祝官取祝跪於獻官左,讀畢,進於神位前,贊俯伏、興、平身、復位。樂止。典儀唱行亞獻禮。奏樂。執事官各以爵獻於神位前。樂止。典儀唱行終獻禮。

形式不斷豐富的炎帝祭祀

典儀唱：飲福受胙。贊：「詣飲福位。」跪，搢笏。執事官以爵進。贊：「飲福酒。」執事官以胙進。受胙、出笏、俯伏、興、平身、復位。

贊：「兩拜。」典儀唱：「撤饌。」奏樂。執事官各以神位前撤饌。樂止。典儀唱：「送神。」奏樂。贊：「四拜平身。」樂止。典儀唱讀祝官捧祝，掌祭官捧帛饌，各詣燎位。樂止。贊：「禮畢。」緊接著，就是迎神、奠帛、初獻、亞獻、終獻、撤饌、送神和望燎，真正設炎帝陵並設殿祭典並納入皇朝定製的當為宋代，宋太祖趙匡胤「黃袍加身」之後，為了給新王朝尋求「順承天意」的合理依據，他就派遣使者遍訪天下的帝王古陵，但就是沒有找到炎帝的陵墓。

後來「太祖撫運，夢趨見帝，於是馳騁復求，得諸南方」，也就是後來的炎陵鹿原陂為「炎帝神農氏之墓」。西元967年，宋太祖下詔建造炎帝陵，禁止樵採。置守陵五戶管理陵殿，並派遣員外郎丁顧言詣潭州告祭。此後，炎帝陵寢之祀「三歲一舉，率以為常」，形成定製。

自宋代建陵以來，歷代均在湖南炎陵的炎帝陵祭祀炎帝。最早有記載的炎帝陵官方祭祀活動在西元967年，宋太祖詔命「建廟陵前，肖像而祀，隨之遣官詣致祭」，並「在三歲一舉，率以為常」。

此後，元、明、清各代對炎帝陵祭祀從未間斷。有史記載，明代15次，清代達38次。歷朝歷代炎帝陵祭祀的名目繁多，以告即位為主，此外還有告禳災除患、靖邊軍功、親政復儲、萬壽晉徽、先人後事等。

據《陵縣誌》載，古代官方祭祀炎帝陵，其聲勢浩大，流程複雜、講究。擇定祭期，告祭官前期致齋三日，地方官備鼓樂儀仗行一跪三叩禮相迎。

告祭官至，各官著朝服跪迎，地方官恭奉御祭文、香、帛安置於龍亭內，迎至公所中堂，各官行三跪九叩。御祭文、香、帛、龍亭由午門入至祭所，欽差官及陪祭各官著吉服由東門入，行一跪三叩禮。

祭期前一日，由告祭官司與陪祭官監視宰牲，在陵內進行演禮。祭日四鼓，地方官率領由禮生、執事人、陳設、樂工等組成的禮儀隊伍齊集於陵外，五鼓時，告祭官、陪祭官著朝服由東門進入陵內，執事人擊鼓三聲後，告祭官、陪祭官就位，照部頒布禮，主要的頒布禮是上供燭、奏樂章、迎神、初獻、亞獻、終獻等，告祭官、陪祭官頒禮完畢，退由西門出，每次官祭都會刻碑文昭於世人。

炎帝陵公祭活動一直都被沿襲並不斷演變，主要有公祭大典、告祭典禮，其中又分迎賓儀式、引導儀式、祭典儀

形式不斷豐富的炎帝祭祀

程、瞻仰儀式、開午門儀式、謁陵儀式和祭文碑揭碑儀式等，祭祀流程為序曲、敬香、敬花籃、敬供品、謁陵、揭碑、禮成等。

在儀仗隊伍方面也有很大變化，炎帝陵祭典現有的祭祀儀仗有反映農耕文化的五穀耒表演隊，三牲五穀時鮮供品隊《炎帝頌》大型表演隊、祭祀樂曲演奏隊、神農鑼鼓隊、祭祀鑼鼓隊、祭祀幡旗隊、民間嗩吶隊、龍獅朝聖隊、牛角吹奏隊、56個民族隊等。

這些公祭的大規模的祭祀活動多在清明、重陽等重大節日舉行，特別是重陽節，株洲都會舉行「炎帝節」，以炎帝陵祭祀活動為重點，展開一系列文化、商貿交流活動。

炎帝陵的民間祭祀一般以告祭為主，祭祀時間多選在每月的月初、月中、十五以及各種傳統節令，擇日結團詣陵告祭。民間祭祀的流程和內容一般有墓前牲祭、上香敬供、跪拜祈福、許願求應、還願叩酬等等。

在民間祭祀中，伴隨著悠久神奇的炎帝傳說，千百年來，經久不衰，綿延不斷，往往帶有一種莊重的肅穆感和濃厚的神祕色彩，成為百姓揮之不去的崇祀情結。

炎帝陵祭祀歷經數千年，不僅沒有被歷史的煙雲所淹沒，而且隨著對炎帝陵祭祀文化價值認知的不斷深化和祭祀

內容的不斷擴展,炎帝陵祭祀的形式自然也不斷豐富和翻新,富有鮮明的時代色彩。

從炎帝陵的祭祀中,可以反映出中華民族共同的圖騰崇拜和英雄敬仰,折射出了人們的文化尋根儀式和文化自覺的精神,對於人們的精神和地區之間的交流具有不可忽略的現實意義。

【旁註】

圖騰:原始時代的人們把某種動物、植物或非生物等當作自己的親屬、祖先或保護神。相信他們有一種超自然力,會保護自己,並且還可以獲得他們的力量和技能。在原始人的眼裡,圖騰實際是一個被人格化的崇拜對象。

《繫辭》:是《易傳》的第4種,《繫辭》解釋了卦爻辭的意義及卦象爻位,所用的方法有取義說、取象說、爻位說。又論述了揲蓍求卦的過程,用數學方法解釋了《周易》筮法和卦畫的產生和形成。

王充(西元27年～約西元97年):字仲任,會稽上虞人,他的祖先從魏郡元城遷徙到會稽。王充年少時就成了孤兒,鄉里人都稱讚他孝順。後來到京城,到太學裡學習,拜扶風人班彪為師。《論衡》是王充的代表作品,也是中國歷史上

一部不朽的無神論著作。

五穀：古代所指的五種穀物，最主要的有兩種，一種指稻、黍、稷、麥、菽。另一種指麻、黍、稷、麥、菽。兩者的區別是前者有稻無麻，後者有麻無稻。古代經濟文化中心在黃河流域，稻的主要產地在南方，而北方種稻有限，所以「五穀」中最初無稻。

左丘明（西元前502年～西元前422年）：姓丘，名明，因其父任左史官，故稱左丘明。左丘明是中國傳統史學的創始人，史學界推左丘明為中國史學的開山鼻祖，被譽為「百家文字之宗、萬世古文之祖」。左丘明的思想是儒家思想，在當時較多地反映了人們的利益和需求。

陰陽五行學：中國古代樸素的唯物論和自發的辯證法思想，它認為世界是物質的，物質世界是在陰陽二氣作用的推動下孳生、發展和變化，並認為木、火、土、金、水五種最基本的物質是構成世界不可缺少的元素。這五種物質相互滋生、相互制約，處於不斷的運動變化之中。

鄒衍（西元前324年～西元前250年）：中國戰國時期陰陽家學派創始者與代表人物，五行學說創始人，戰國末期齊國人。主要學說是五行學說、「五德終始說」和「大九州說」，又是稷下學宮著名學者，因他「盡言天事」，當時人們稱他

「談天衍」，又稱鄒子。

《孔子家語》：又名《孔氏家語》，或簡稱《家語》，是一部記錄孔子及孔門弟子思想言行的著作。後世傳本《孔子家語》共十卷四十四篇，魏王肅注，書後附有王肅序和〈後序〉。

劉秀（西元前 5 年～西元 57 年）：東漢王朝開國皇帝，廟號「世祖」，諡號「光武皇帝」，中國歷史上著名的政治家、軍事家。新莽末年，海內分崩，天下大亂，身為一介布衣卻有前朝血統的劉秀在家鄉乘勢起兵。西元 25 年，劉秀與王莽政權公開決裂，於河北登基稱帝，為表劉氏重興之意，仍以「漢」為其國號，史稱「東漢」。

唐玄宗（西元 685 年～西元 762 年）：即李隆基，也叫唐明皇，於西元 712 年至西元 756 年在位，是唐睿宗李旦的第三個兒子。唐玄宗治理國家時很注意撥亂反正，任用姚崇、宋璟等賢相，勵精圖治，他的開元盛世是唐朝的極盛之世。西元 756 年李亨即位後，尊其為太上皇。

《大明會典》：簡稱《明會典》，是記載中國明代典章制度以行政法規為主的官修書。《大明會典》在西元 1497 年三月開始修編，共有 180 卷，主要根據明代官修《諸司執掌》、《皇明祖訓》、《大明集禮》等書和百司之籍冊編成，記載典章制度十分完備。

形式不斷豐富的炎帝祭祀

員外郎：簡稱「外郎」或「員外」，通稱副郎。南北朝時簡稱「員外散騎侍郎」為「員外郎」，是較高貴的近侍官。隋代始於六部郎中之下設員外郎，以為郎中之助理，由此延至清代不變。明朝以後員外郎成為一種閒職，不再與科舉相關，可以用錢買這個官職。

朝服：又稱為「具服」，是周朝至明朝2,000多年之間在大祀、慶成、正旦、冬至、聖節及頒詔開讀、進表、傳制等重大典禮時使用的禮服，其基本樣式是衣裳制，東漢以後的朝服包括梁冠、赤羅衣、白紗中單、青飾領緣、赤羅裳、青緣、赤羅蔽膝。

【閱讀連結】

炎帝在中醫方面也有很大的成就，《淮南子》記載神農氏「嘗百草之滋味，水泉之甘苦，令民所避就。當此之時，一日而遇七十毒。」記載描述了炎帝神農氏及先民們在採集活動中，逐漸發現，由於誤食了某些動植物，會發生嘔吐、腹疼、昏迷、甚至死亡。吃了某些動植物，能消除或減輕身體的一些病痛，又或是解除吃了某些植物而引起的中毒現象。在漁獵生活中，又發現吃了某些動物的肢體、內臟，能產生特殊的反應。經過長期的實踐，人們便能逐漸辨識許多動植

物，了解它們的功效，遇到患有某種疾病，便有意選擇某些動植物來進行治療。正是這種親身實踐和探索的精神，奠定了中醫學的基礎，開創了中醫學文化。後人為了紀念他，將中國的第一部醫學著作命名為《神農本草經》。

祭祀文化代表的伏羲祭祀

從前,人們對天上會長雲彩、下雨下雪、打雷打閃,地上會颳大風、起大霧,不知道是怎麼回事。很多人去問伏羲,他也說不出個原因。伏羲總想把這些事弄清楚,可想來想去,怎麼也想不出個頭緒來。

有一天,伏羲在蔡河,也就是流經淮陽伏羲南門前的一條河邊捕魚,他逮住一個白龜。他想:世上白龜少見哪!當年天塌地陷,白龜老祖救了我們兄妹,後來就再也見不到了。莫非這個白龜是白龜老祖的子孫?嗯,我得把牠養起來。

於是,伏羲挖了個坑,灌進水,把白龜放在裡面,逮些小魚蝦放坑裡,讓白龜吃。也怪,白龜養在那兒,坑裡的水格外清。伏羲每次去餵牠,牠都鳧到伏羲跟前,趴在坑邊不動彈。

伏羲沒事就坐在坑沿兒,看著白龜,想世上的難題。看著看著,他見白龜蓋上有花紋,就折一根草,在地上比著白龜蓋上的花紋畫。畫著想著,想著畫著,畫了九九八十一

天，畫出了名堂。他用一通道當陽，一斷道當陰，一陽二陰，一陰二陽，來回搭配，畫來畫去，就畫成了八卦圖。

後人把伏羲養白龜那個坑叫「白龜池」，畫八卦的地方叫「畫卦臺」。這就是伏羲造八卦的傳說故事，八卦流傳到後世被用於占卜，坊間亦用漢字「三求平未，斗非半米」來記八卦符號。

最重要的是，伏羲始創的八卦代表了中國古代文化的祕密符號，這組代表自然界天地水火山川雷電的象形文字，是中國文字的起源，而其中所蘊含之博大精深的文化內涵，成為古代東方哲學的象徵，並吸引著無數人們不斷地探索和研究。

可以說，伏羲是中國古代傳說中對華夏文明做出過卓越貢獻的神話人物，有關他的傳說，最具神祕色彩的便是他的出生和成婚。傳說中的伏羲人面蛇身，是因他的母親在一個名叫雷澤的地方踩了一個巨人雷神的腳印而懷孕12年後出生的，這個雷澤據考證就在後來被人們叫做天水的地方。

再後來，一次洪水吞沒了全人類，唯有伏羲和他的妹妹女媧倖存下來。要使人類不至於滅絕，他們倆就必須結為夫妻。但兄妹成婚畢竟是很難令人接受的，於是他們商量由天意來決定這件事。怎樣決定呢？

兄妹倆各自拿了一個大磨盤，分別爬上崑崙山的南北兩山，然後同時往下滾磨盤，如果磨合，就說明天意讓他們倆成婚。結果，磨盤滾到山下竟然合而為一了，於是，他們倆順天意成婚，人類從此得以延續。

緊接著，伏羲教人們織網捕魚，使人類從原始的狩獵狀態進入到初級的畜牧業生產。他確定了婚嫁制度，創造了曆法，發明了樂器，教會人們製作和食用熟食，結束了人類身披樹葉，茹毛飲血的野性狀態。

伏羲創造曆法、教民漁獵、馴養家畜、烹飪食物、婚嫁儀式、始造書契、發明陶壎、琴瑟樂器、任命官員等。同時還創立了中華民族的統一圖騰「龍」，龍的傳人即由此而來。

隨著部落的兼併和遷徙，伏羲所創立和倡導的古代文明沿渭水到黃河流域，與其他民族相融合，形成了以炎黃部落為核心，以伏羲文化為本體的華夏民族。

因為伏羲人面蛇身而崇奉的蛇圖騰，也由黃土高原蔓延到中原大地，演變成為龍圖騰，成為中華民族的象徵，伏羲因此成了普天之下華人的共同始祖，尊享著普天下人們的共同祭祀。

據史料記載，對伏羲的祭祀始於秦代早期。西漢初年，繼承秦代之郊祭制度，東漢沿用此制，隋唐五代均以「三皇

之首」祭之。唐玄宗開元年間，京師長安建三皇廟。西元747年又完善祭祀程序，為三皇的祭祀確立了規範。《唐會要》卷二十二有云：

（天寶）六載正月十一日，敕：三皇五帝創物垂範，永言龜鏡，宜有欽崇。三皇：伏羲（以勾芒配）、神農（以祝融配）、軒轅（以風后、力牧配）……其擇日及置廟地，量事營立，其樂器請用宮懸，祭請用少牢。仍以春秋二時致享供，置令丞，今太常寺撿校。

不過，唐代的三皇祭祀僅限於京師，其餘各地不得祭祀。

宋代以後，祭祀日漸隆盛。北宋對三皇陵寢的祭祀相當重視，西元960年，宋太祖曾下詔云：

先代帝王，載在祀典，或廟貌猶在，久廢牲牢，或陵墓雖存，不禁樵採。其太昊、炎帝、黃帝……各置守陵五戶，歲春秋祠以太牢。

西元966年，宋太祖下詔春秋祀以太牢，御書祝版。當時太昊的專祀地確定在河南陳州伏羲陵，祭祀規格由少牢升為太牢。

金章宗明昌年間，於秦州三陽川蝸牛堡，即卦臺山建立伏羲廟。據《金史·禮志》記載：

（前代帝王）三年一祭，於仲春之月祭伏羲於陳州，神農於亳州，軒轅於坊州⋯⋯

秦州蝸牛堡伏羲廟的祭祀活動也是根據歷代王朝祭祀制度進行的。既是專廟，當歷年祭祀，至於三年一祭當指大祭。金代京師不設三皇廟，對各地三皇陵寢的祭祀，每至祭期由學士院特製祝文，頒行各處作為法定的文字。秦州蝸牛堡伏羲廟祭祀活動亦納入金朝祭祀伏羲的統一規畫。

西元1295年，元成宗詔命全國各地通祀三皇，《元史·祭祀志》云：

初命郡縣通祀三皇，如宣聖釋奠禮。太昊、伏羲氏以勾芒氏之神配⋯⋯有司歲春秋二季行事，而以醫師主之。

當時卦臺山伏羲廟主祭伏羲，配祀炎帝神農和軒轅黃帝。每年三月三日、九月九日用太牢祭祀，禮樂仿孔廟。秦州成紀縣令韓或認為：成紀是伏羲的誕生地，卦臺山是伏羲的畫卦場所，因此，此處伏羲的祭祀規格理應高於其他州縣，於是申明禮部，每年春秋二祭由官府出資，由官員主祭，而不像其他州縣由醫師主祭。同時，秦州還專設廟田145畝，作為祭祀伏羲的專項資金來源，以保障祭祀順利進行。

明初，沿襲元制。《明史·禮志》云：

明初仍元制，三月三日、九月九日通祀三皇。洪武元年令此太牢祀。

至西元1371年，太祖朱元璋認為全國各地通祀三皇，是對三皇的褻瀆，應立即中止。《明太祖實錄》洪武四年三月丁未條云：

上曰：三皇繼天立極，以開萬世教化之源，而泊於醫師，其可乎？自今命天下郡縣毋得褻祀，止命有司祭於陵寢。

詔令一出，全國各地三皇廟盡數廢止。河南陳州是伏羲的陵寢所在地，被明廷指定為全國唯一的伏羲祭祀地。同年，朱元璋還自製祝文，親臨致祭，以示重視。所幸天水卦臺山也被列為伏羲的另一處陵墓，《大明一統志·秦州·陵墓》云：

伏羲陵：在秦州北四十里。世傳三陽川蝸牛堡有伏羲陵。

儘管官祭被取消，而民間祭祀尚存。嘉靖年間的胡纘宗在他的《太昊伏羲廟樂記》中有「考之誕聖之郡，畫卦之臺，前代無不舉祀，而國朝獨缺焉。」的句子，就是指洪武之後、嘉靖以前，州署不再主祭伏羲之情形而言。

西元1516年，明代批准在卦臺山重建伏羲廟，官祭隨之恢復。西元1521年，又批准將擬建於卦臺山的伏羲廟改建於

秦州。從此，伏羲祭祀中心轉到秦州治所，卦臺山伏羲廟地位下降，淪為民祭場所。

其實，早在西元1483年，秦州就有太昊宮，也就是伏羲廟的前身，但未得到明代政府的認可，屬草創階段，祭祀也沒有制度化。正如西元1490年撰寫的《新建太昊宮門坊》中記載：

> 況神宮之前，維乎吾民，通乎閭巷，過之者不知致敬，見之者不知敬禮，此尤為闕典之大者也。

西元1523年秦州伏羲廟正式建成，祭祀活動逐漸正規化、制度化，禮部還專門為祭祀制定了程序化的祭文。西元1533年陝西監察御史張鵬、秦州知州黃仕隆主持制禮作樂，張鵬還自撰〈迎神曲〉、〈送神曲〉各一章。

同時還制定了祭祀程序、樂生舞生名額、祭祀人員的服飾以及所用祭器，使祭祀進入極盛期，由此，秦州伏羲廟成為全國性的祭祀場所。

其祭祀過程主要包括出告文、出榜文、迎神、獻供、恭讀祭文和送神六項儀式。

告文是一種特殊的文體，太昊廟告文指秦州伏羲廟在祭祀伏羲氏之前出的告示，其告知對象是廣大的百姓，主要是為了向百姓昭示伏羲氏的功德。

秦州存有最早的告文為明朝劉尚義《太昊廟告文》，劉尚義為西元 1535 年嘉靖年間的進士，曾任秦州州判。該文見《直隸秦州新志·藝文》，文曰：

嗟唯太古，時會洪荒。其風簡略，文物未彰。
如彼晦冥，昏朦元漚。羲皇特起，配天為王。
聰明神聖，靈異靡常。爰衍八卦，始制文章。
男女有別，化機乃揚。人極爰立，開我周行。
日月懸朧，光照無疆。往者緒紹，來者軌張。
慨我黎庶，是用是將。唯木有本，枝葉其昌。
於帝振跡，麟趾顧長。彼蒼者天，可與類行。
唯臺小子，遷於是方。永念遺德，肅將不忘。
陳彼腐亥，只薦於旁。明靈昭格，奕其來洋。

秦州伏羲廟祭祀之時，先出告文，向人們昭示伏羲功德，迎神之時，又要出榜文，主要是為了告慰伏羲氏的神靈，其比出告文更莊重嚴肅。所謂「迎神出榜，送神燒榜」專指送神時要將榜文燒在先天殿前的琉璃塔中，而後將灰送入藉河。

迎神是整個祭祀過程的主要議程之一，此刻，鼓樂齊鳴，載歌載舞。根據乾隆《直隸秦州新志·建置》記載，明代樂舞規模「有迎神、初獻、亞獻、終獻、撤饌、送神之樂。

樂器三十有六，樂生四十有四人，冠服一百四十有四。舞器百有三十，舞生六十有六人，冠服二百六十有四。」

並且，「招工製器，按八音以為樂，準八佾以為舞。蓋琴、瑟、笙、鏞之屬必調；翬翟、冠、袍之屬必絕致；制罔不合，度罔不中」。

同時，後人還會奏響〈迎神曲〉，保留下來的明代〈迎神曲〉有兩章，一章為當時的陝西監察御史山西沁州人張鵬巡察秦州時所撰，一為當時陝西秦安人胡纘宗所撰。張鵬〈迎神曲〉曰：

山矗矗兮水悠悠，風瑟瑟兮雲悠悠。
殿閎曠兮鳥聲柔，天元冥兮樹色幽。
諧鼓吹兮陳餚饈，紛拜舞兮恭獻酬。
神之來兮靈色周，駕玉龍兮乘蒼虯。
蠻鏘鏘兮旆皓皓，宛在清虛煙上頭。

胡纘宗的〈迎神曲〉為：

天生羲聖，廣大變通。立極垂易，列聖攸宗。
天子致祀，儀文式崇。神之鑒之，昭格雍雍。

據劉雁翔《伏羲廟志》記載，明代秦州伏羲廟祭祀規格沿襲金元兩代卦臺山伏羲廟規格，以太牢祭祀，即用牛、羊、豬三牲。祭祀時陳設的祭器有登、鉶、籩豆、簋、簠、俎、

爵、尊等，分別盛肉類、羹、瓜果、菜餚、黍、稷、稻、粱、酒等祭品，另設玉帛等物。存留下來的獻供樂章為胡纘宗所撰，文曰：

初獻

犧牲既潔，俎豆載馨。鼓琴鼓瑟，唯聖唯靈。

文敷八卦，道衍六經。報功報德，唯格唯歆。

亞獻

潔帛既陳，清酤復獻。唯祀雍容，維靈繾綣。

八卦初傳，斯文式憲。神其來臨，歆此亞飯。

終獻

律呂既龠，儀度復詳。在天上帝，在帝羲皇。

河圖垂憲，龍馬迴翔。唯神昭格，眷此帝鄉。

撤饌

神之來兮，見龍在田。神之去兮，飛龍在天。

犧牲斯報，琴瑟斯宣。神其眷注，鑑此衷虔。

恭讀祭文是整個祭祀活動的中心活動之一，為了展現對先皇的崇敬，明廷禮部向秦州特別頒發〈太昊伏羲廟祭文〉作為官祭時的規範祭文，代表朝廷致祭。至此，秦州伏羲廟祭祀規格達到有史以來的最高規格，禮部所頒祭文曰：

祭祀文化代表的伏羲祭祀

維年月日,秦州某官某,欽奉上命,致祭於太昊伏羲氏:於維聖皇,繼天立極。功在萬世,道啟百王。顧茲成紀之鄉,實唯毓聖之地。爰承明命,建此新祠。用妥在天之靈,並慰斯靈之望。時唯仲春(秋),祀事陳式。神之格思,永言無斁。

送神是祭祀活動的最後一項議程,「送神燒榜」即在此時。明代送神樂曲仍然由張鵬和胡纘宗分別撰寫。張鵬送神樂章為:

日欲暝兮月將暉,霧靄靄兮煙霏霏。
湛佳醑兮天熹微,陳瓊筵兮神依稀。
鐘鼓間兮琴瑟希,鳳吹導兮鸞輿歸。
神猶眷兮旂欲揮,鳴蒼佩兮垂丹房。
來何從兮去何適,松柏穆兮鳥雀飛。

胡纘宗送神樂章為:

送神:龍乘祕殿,雲復行宮。卦臺斯格,紀邑攸同。太羹金注,元酒玉溶。瞻依猶切,陟降曷從。望瘞。

除上述祭祀樂章外,最早的祭祀樂章為元代樂章,文為:

五德之首,巍巍聖神。八卦有作,誕開我人。
物無能稱,玄酒在尊。歆監在茲,唯德是親。

清代以後，廢棄了明代祭禮，祭祀只用少牢，省去樂舞。祭祀費用也沒有保障，多由秦州知州捐助。祭日也逐漸由一年兩度改為一年一度，時間定在農曆正月十六。西元1739年，正值乾隆皇帝當政，秦州知州李宏申報甘肅布政司，請求動用公款恢復明代祭祀，未得答覆。

此後的祭銀被列入州署財政預算，而祭祀不再由官府主辦，轉由秦州士紳組織的上元會主辦。西元1827年正月十五日，伏羲廟創辦燈會，成為祭典活動的一項重要內容。

晚清時期祭祀活動從正月十四日開始，城鄉民眾前往進香朝聖，同時上演廟戲。十五日出榜文；十六日正祭，正式舉行典禮。

除此之外，位於中國河南淮陽北的太昊伏羲陵也被人們認為是中華民族的「人文始祖」之陵廟，在每年的農曆二月二日至三月三日，都要在這裡舉辦朝祖進香祭典。

祭典活動舉行期間，也舉行廟會，歷時月餘，不過最熱鬧的還是二月初十至二月二十的10天，二月十四至二月十六日的3天，可說是祭典的最高峰，逛會的人群摩肩接踵，萬頭攢動，每天可達二十餘萬人。

伏羲陵廟祭祀是中國祭祀文化的典型代表，中國第一部詩歌總集《詩經・陳風》裡就有描述。自明代朱元璋於洪武四

年親製祝文致祭以來，到清末的宣統皇帝，御祭達 51 次，成為伏羲祭祀文化中濃墨重彩的一筆。

【旁註】

八卦圖：衍生自中華古代的《河圖》與《洛書》，傳為伏羲所作。其中《河圖》演化為先天八卦，《洛書》演化為後天八卦。八卦各有三爻，「乾、坤、震、巽、坎、離、艮、兌」分立八方，象徵「天、地、雷、風、水、火、山、澤」八種性質與自然現象，象徵世界的變化與循環，分類方法如同五行，世間萬物皆可分類歸至八卦之中。

琴瑟：據文獻記載，伏羲發明琴瑟。琴與瑟均由梧桐木製成，帶有空腔，絲繩為弦。琴初為五弦，後改為七弦，瑟二十五弦。古人發明和使用琴瑟的目的是順暢陰陽之氣和純潔人心。

《唐會要》：記述唐代各項典章制度沿革變遷的史書，始稱《新編唐會要》，簡稱《唐會要》，是中國最早的一部斷代典制體史籍，它取材於唐代的實錄文案，分門別類具體記載了唐朝各種典制及其沿革，為研究唐代政治、經濟、軍事、文化等各方面的情況提供了第一手資料。

宋太祖（西元 927 年～西元 976 年）：即趙匡胤，字元

朗,小名香孩兒,趙九重,西元 960 年,發動陳橋兵變,黃袍加身,代周稱帝,建立宋朝,定都開封,在位 16 年。在位期間,加強中央集權,提倡文人政治,開創了中國的文治盛世,死後葬於鄭州鞏義宋陵之永昌陵。廟號太祖。謚號啟運立極英武睿文神德聖功至明大孝皇帝。

《金史》:二十四史之一。撰成於元代,全書一百三十五卷,其中本紀十九卷,志三十九卷,表四卷,列傳七十三卷,是反映女真族所建金朝的興衰始末的重要史籍。

《元史》:系統記載元朝興亡過程的一部紀傳體斷代史,成書於明朝初年,由宋濂、王禕主編。全書二百一十卷,包括本紀四十七卷、志五十八卷、表八卷、列傳九十七卷,記述了從蒙古族興起到元朝建立和滅亡的歷史。

詔令:也叫聖旨,是指中國古代以皇帝名義釋出的公文的統稱。詔令大體上可分兩大類,一是釋出重大制度、典禮、封賞的文書;二是日常政務活動的文書。概括起來有制、詔、誥、敕、旨、冊、諭、令、檄等。

胡纘宗(西元 1480 年~西元 1560 年):字孝思,又字世甫。號可泉,又別號鳥鼠山人。胡纘宗為官愛民禮士,撫綏安輯,廉潔辨治,著稱大江南北。西元 1534 年罷官歸里,遂開閣著書,有《鳥鼠山人集》、《安慶府志》、《蘇州府志》、《秦

州志》等 14 部著作傳世。胡纘宗還是一位書法家，現存江蘇鎮江有「海不揚波」、曲阜孔廟有「金聲玉振」，天水伏羲廟有「與天地準」牌匾。

禮部：中國古代官署之一，是吏、戶、禮、兵、刑、工的六部之一，由禮部尚書主管。禮部負責考察五禮，也要管理全國學校事務及科舉考試及藩屬和外國往來的事項。禮部共分為儀制清吏司、祠祭清吏司、主客清吏司、精膳清吏司這四司。

進士：意為可以進授爵位之人。中國古代科舉制度中通過最後一級朝廷考試的人，就叫作進士，是古代科舉殿試及第者之稱。唐朝時以進士和明經兩科最為主要，後來詩賦成為進士科的主要考試內容。元、明、清時，貢士經殿試後，及第者皆賜出身，稱進士。

監察御史：官名。隋開皇二年改檢校御史為監察御史，始設。唐御史臺分為三院，監察御史屬察院，品秩不高而許可權廣。宋元明清因之。明清廢御史臺設都察院，通常彈劾與諫言，設都御史、副都御史、監察御史。監察御史分道負責，因而分別冠以某某道地名。

玉帛：指帶有玉室標記「饕餮紋」的玉器和像藏族哈達那樣的白色絲巾，在古代是「諸侯親如兄弟、大家共尊天子」的

表示物，用作諸侯國之間、諸侯與天子之間見面時互贈的禮物。在古代與「干戈」相對，是和平共處的象徵。

祭文：文體名，是祭祀或祭奠時表示哀悼或禱祝的文章，體裁有韻文和散文兩種。內容主要為哀悼、禱祝、追念死者生前主要經歷，頌揚他的品德業績，寄託哀思，激勵生者。同時，祭文也是為祭奠死者而寫的哀悼文章，是供祭祀時誦讀的。它是由古時祝文演變而來，其辭有散文，有韻語，有儷語。

知州：古代官職。宋代至清代地方行政區域「府」的最高長官。唐以建都之地為府，以府尹為行政長官。宋升大郡為府，以朝臣充各府長官，稱以某官知某府事，簡稱「知府」。明代以知府為正式官名，為府的行政長官，管轄所屬州縣。清代沿明制不改。知府又尊稱「太守」、「府尊」，亦稱「黃堂」。

【閱讀連結】

古時候，伏羲在宛丘，也就是後來叫作淮陽的地方，教人打獵捕魚過生活。後來，人多了，伏羲挑了一批會打獵捕魚的人，叫他們去東西南北四方，到那裡打獵捕魚。大家問伏羲「東西怎麼分？」伏羲說：「東方屬木，西方屬金。太陽出東落西。」又有人問：「南和北怎麼分？」伏羲說：「南熱北冷。」從此以後，大家都明白了怎樣辨別東西南北。

有著豐富內涵的大禹祭典

相傳四千多年前,中國是堯、舜相繼掌權的傳說時代,也是中國從原始社會向奴隸社會過渡的父系氏族公社時期。那時,生產能力很低下,生活條件很艱苦,黃河水系每隔一年半載就要鬧一次水災,奪去許多人的生命。

舜接替堯做部落聯盟首領之後,命鯀的兒子禹繼續治水。大禹領命之後,總結了以前治水失敗的教訓,跋山涉水,把水流的源頭、上游、下游大略考察了一遍。大禹對各種水情認真做了研究,最後決定用疏導的辦法來治理水患。

大禹親自率領徒眾和百姓,帶著簡陋的石斧、石刀、石鏟、耒耜等工具,開始治水。他們一心撲在治水上,露宿野餐,粗衣淡飯。當時大禹治水的地區,大約在後來的河北東部、河南東部、山東西部、南部,以及淮河北部。

大禹用疏導的方式治水獲得了成功,他們把黃河水系主流加深加寬,把支流疏通,與主流相接,這樣就使所有支流的水,都歸主流。

同時,他們把原來的高處修建使它更高,把原來的低地

疏通，使它更深，便自然形成了陸地和湖澤。他們把這些大小湖澤與大小支流連結起來，洪水就能暢通無阻地流向大海了。

大禹帶領人們花了十年左右的功夫，鑿了一座又一座大山，開了一條又一條河渠。他公而忘私，傳說大禹三次路過家門，都沒有進去。

第一次他路過家門口，正好遇上妻子生孩子，大家勸他進去看一看，照顧一下，他怕影響治水，沒有進去；又有一次，他的孩子看見了父親，非常高興，要大禹到家裡看一看，他還是沒有進去。他把整個身心都用在開山挖河的事業中了。

大禹治水成功之後，來到茅山，召集諸侯，論功行賞，還組織人們利用水土去發展農業生產。他叫伯益把稻種發給群眾，讓他們在低溫的地方種植水稻。又叫后稷教大家種植不同品種的作物，還在湖泊中養殖魚類、鵝鴨，種植蒲草，水害變成了水利。伯益又改進了鑿井技術，使農業生產有了較大的發展，到處出現了五穀豐登、六畜興旺的景象。

舜死後，大禹因治水有功繼任部落聯盟首領。後來，大禹的兒子啟建立了中國第一個奴隸制國家夏朝，因此，後人也稱他為夏禹。夏禹死後就葬在茅山，後人因禹曾在這裡大

會諸侯，論功行賞，所以把茅山改名為會稽山，並建造了大禹陵。

建成之後的大禹陵背靠會稽山，面對亭山，前臨禹池。大禹陵有碑亭一座，飛簷翹角，矗立於道路盡頭。內立明代人南大吉書寫的「大禹陵」巨碑一塊。亭周古槐蟠鬱，松竹交翠，幽靜清雅。亭南有禹穴、辨亭和禹穴亭，是前人考辨禹的墓穴所在之處。

據文獻記載，禹的兒子啟派使臣於歲時春秋到禹陵祭祀，是最早的官方祭禹活動。禹之後裔建立越國，直至西元前222年秦滅越長達1,900餘年。禹之後裔世為越王越君，祭禹祀祖長傳不衰。

西元前210年，秦始皇不遠千里，親赴會稽祭禹，開帝王祭禹之先河，會稽大禹陵名聲大震。劉邦建立漢朝後，朝廷也建立了祭祀禹的制度和祭祀場所。司馬遷以飽學之身，長途跋涉，於約西元前126年「登會稽，探禹穴」，帶動了不少文人墨客將「禹穴」作為尋勝探幽的重要去處。

漢靈帝在西元179年建「漢禹廟碑」，宋代趙明誠《金石錄》中有詳細地記述。此後，禹陵碑刻日漸豐富。西元545年，禹廟重新修建，遂成後世的規模。

南朝宋元嘉年間，文學家謝惠連奉命上會稽祭禹，作

《祭禹廟文》，為至今最早的祭禹文。至唐以來，祭禹和拜謁禹陵的文人唱和題詠日盛，大大提升了禹陵、禹廟的文化品味。宋元時期，將保護禹陵和祭祀禹正式列為國家常典。西元960年，宋太祖下詔：

> 詔前代帝王陵寢……宜以郡國置戶以守，隳毀者修葺之。

西元963年詔給守夏禹陵戶五戶，地方長官春秋奉祀。西元964年詔歷代帝王，國有常享，每三年一享，以仲春二月，牲用太牢，以本地州長官奉祀。

從此，祀禹成為國家常典，以每年的三月遊人最盛。無貧富貴賤，傾城俱出。士民俱乘畫舫，丹堊鮮明，酒樽食具甚盛。賓主列坐，前設歌舞。小民尤相矜尚，雖非富饒，亦終歲儲蓄，以為下湖之行。

到了元代，一直都堅持修葺禹廟，祀禹立碑依然盛行不衰。明清時代，祀禹制度更加完備，祭禹大典最為隆重。明「洪武三年，遣使訪先代陵寢仍命各行省具圖以進」，浙江行省進大禹陵廟圖。

次年，朝廷命所在官司，「以春秋仲月上旬，擇日致祭」。又「命有司歲時修葺，設陵戶二人守視」。「每三年出祝文……遣太常寺樂舞生齎往所在」致祭，將禹列為王師之首，與三王、五帝、漢唐創業之君於京師立廟，歲八月擇日致祭。

有著豐富內涵的大禹祭典

明嘉靖年間紹興府知府南大吉書立「大禹陵」碑，張道明建「岣嶁碑」，進一步豐富了禹陵內容。明制還規定，凡遇皇帝登基等事，必遣使向大禹陵告祭。

明代經歷了十七朝，其中有十一朝皇帝登極時遣官祭禹。清代，祭禹特隆，遣官祭禹達 30 多次，西元 1689 年和西元 1751 年，康熙與乾隆帝親赴大禹陵祭禹，並留下了許多聯、詩、文。

大禹是華夏民族在神州大地奠基立國的一位偉大先祖，是中華民族的精神象徵之一。幾千年來，圍繞大禹衍生出了豐富的傳說，並形成了獨具特色的大禹祭祀文化。

同時，大禹治水「三過家門而不入」和吃苦耐勞、克己奉公的忘我精神被傳為千古佳話，為炎黃後裔懷念，成為中華民族精神的重要組成部分。

在民間，人們則視大禹為治水英雄，稱其為「河神」，在山西沿黃河一線分布著諸多河神廟，適時奉祀。古禹都安邑位於山西東南部的夏縣，地處秦、晉、豫三省交會處。

禹王廟是禹都的重要組成部分，是傳統社會官方公祭大典和民間廟會活動的重要場所。每年農曆三月二十八日，人們趕廟會、打鑼鼓、跳舞蹈，舉行盛大的祭祀活動。

在浙江的紹興，祭禹活動歷史悠久，最早可追溯到夏

朝,其後一度中斷。到了句踐時代,又開始建造大禹宗廟,祭祀大禹。農曆三月初五是民間傳說的大禹誕日,每年人們都會來到紹興東南的會稽山上,在大禹陵旁擂鼓、撞鐘、獻酒,祭祀大禹。

紹興大禹祭典,自夏初起至今,已傳承四千餘年,可分官祭、民祭兩大部分。官祭,自夏帝啟創制起,綿延不斷,民祭,以會稽姒姓宗族祭脈絡最為清晰,發端於少康封無餘於越,守祀大禹陵寢時。

整個大禹祭典的歷史有著起源古遠、規格崇高、祭祀頻繁、脈絡清晰等特點,更由於會稽大禹陵守陵村的存在和姒姓宗族祭祀的延續而獨具特色。大禹祭典,傳承有序,延綿不絕。

祭典開始以後,祭典由主祭一人、與祭若干人、司儀、司香、讀祝文等各一人主持,還有司鐘、司鼓、司樂、司僚等執事。祭典在鳴炮、鳴鐘、奏樂中開始,主祭、與祭等各就各位,虔誠地上香、行三跪九叩大禮。

接著行「初獻禮」,行「亞獻禮」,行「終獻禮」……最後「焚祝文、焚寶帛」,又在香煙繚繞、鐘鼓齊鳴、炮聲震天中禮成。整個祭典過程,雍容肅穆,瑞氣氤氳。

而在四川境內,也存有古老而盛大的祭祀大禹活動,自宋代立廟於夔門之後,元代又立廟於巴之塗山,明代立廟於

成都。而北川以其為禹生之地，早在唐代，石紐山下即建有禹廟。

西元634年之後在禹廟西北一里處置石泉，每年的春、秋及大禹生日都要舉行祭禹活動。明代又在禹廟庭院內建碑亭，刻建「岣嶁碑」。清康熙年間，署令楊朝柱重建禹廟。

西元1768年，清代的乾隆皇帝命石泉縣令姜炳璋再次重建，將正殿修葺一新，另建大門一間，兩邊各建房三間，正殿供大禹，後堂供聖父崇伯、聖母有莘氏，並在石紐山前要道修建「神禹故里」坊，為石基、木柱，以小青瓦覆蓋，上懸木製「神禹故里」匾額，左右木柱上掛木製楹聯曰：

石紐之村篤生聖人皇皇史冊古蹟常新，
刳兒之坪產石如血青蓮好古大書禹穴。

匾額和楹聯均為姜炳璋親筆書寫。落成之日，舉行盛大的祭禹活動。石泉縣令姜炳璋率領文武官員，以盛大儀仗為先導，百餘人抬著牛、羊、豬、帛、爵、登、簠、籩、豆等祭品，從縣衙出發，浩浩蕩蕩去至禹廟，全縣內外百姓數千人隨往，以太牢之禮儀祭祀大禹。

縣令二叩六拜，僚屬、百姓三叩九拜，虔誠之心，皇天可鑑。此後，石泉縣內祭禹活動規模進一步擴大。

後來人們又自發修葺石紐山前「神禹故里」坊時，縣知名

人士魏景虞又在「神禹故里」匾額兩旁書「八年三過，卑宮菲食」的橫額。

在數千年的華夏文明史上，人們對大禹的仰慕之情與日俱增，他的功德澤被後世。歷代統治者給予其降生地許多優惠政策：六月六日禹生日，用帝王、諸侯祭祀社稷時的太牢之禮儀致祭大禹。

在縣衙兩旁設定只有州、府以上衙署才能配置的鼓樓、樂樓，以便在致祭大禹及重大禮儀時使用。錄取科舉秀才，按朝廷分配名額加倍；貢賦減半或全免；縣令必須是科舉出身。在石泉縣為官者，不僅把祭禹作為重要職責，也視為一種榮耀。同時，也把維護、重建禹廟視為重要的政績。

在安徽懷遠，每到農曆三月二十八就會舉辦塗山禹王廟會，因為這一天是傳說中大禹治水成功的日子。廟會當日，沿淮民眾十萬餘人敲鑼打鼓，載歌載舞，不遠百里湧向塗山，參加祭祀大禹的盛會。

可以說，大禹是華夏民族在神州大地奠基立國的一位偉大先祖。大禹的傑出貢獻，對中國歷史的演進和發展有深遠的影響。大禹陵廟幾千年祭典相繼，是後人學習大禹明德、弘揚大禹精神的明證，是弘揚民族精神的重要舉措，對中華民族發揮無可替代的正面作用。

有著豐富內涵的大禹祭典

大禹陵祭典的制度和禮儀，包括祭品、祭器、祭樂、祭舞和祭文等，燦如星漢，蘊含了十分豐富的民族傳統文化的資訊。加強對大禹祭典的保護，對傳承中華歷史悠久的傳統文化有重要的歷史、人文和學術價值。

【旁註】

鯀：中國上古時期的歷史人物，黃帝的後裔、玄帝顓頊的玄孫，是夏朝開國君主大禹的父親。被堯封於崇地，為伯爵，故稱崇伯鯀或崇伯。

耒耜：象形字，古代的一種翻土農具，形如木叉，上有曲柄，下面是犁頭，用以鬆土，可看作犁的前身。「耒」是漢字部首之一，從「耒」的字，與原始農具或耕作有關，耒耜的發明開創了中國的農耕文化。

伯益：又作伯翳、柏翳、柏益、伯鷖等，傳說他能領悟飛禽語言，被尊稱為「百蟲將軍」。在他的帶領下，中國早期先民學會了建築房屋，鑿挖水井。伯益善於畜牧和狩獵，並且發明了中國最早的屋舍，因此被中國民間尊稱為「土地爺」並受到不同形式的供奉。

啟（生卒年不詳）：也稱夏啟、帝啟、夏后啟、夏王啟，他是禹的兒子，夏朝的第二任君王，西元前1978年到西元前

1963 年在位。其母是塗山氏族的女子。兒子至少有五人，其中有太康及中康。根據《竹書紀年》，帝夏啟王在位 39 年，約 78 歲駕崩。

謝惠連（西元 407 年～西元 433 年）：南朝宋文學家，謝方明之子，謝靈運族弟。他 10 歲能作文，深得謝靈運的賞識，見其新文，常感慨「張華重生，不能易也。」謝惠連行止輕薄不檢，原先愛幸會稽郡吏杜德靈，居父喪期間還向杜德靈贈詩，大為時論所非，因此不得仕進。仕宦失意，為謝靈運「四友」之一。

登基：又稱即位，即皇帝即位。新皇帝繼位，紀年改元，以示萬象一新。有些皇帝登基並不改元，如後周世宗、恭帝都未改元，而是沿用太祖的「顯德」年號，由此可看出國家的興衰變化。

句踐：春秋末越國國君，西元前 496 年至西元前 465 年在位，姓姒，名句踐，又名菼執。句踐曾敗於吳，屈服求和。後來他睡在柴草上，經常嘗一嘗苦膽來激勵自己雪恥。發憤圖強後，句踐反擊吳國，使越國終成強國。

楹聯：也叫對聯或對子，是寫在紙、布上或刻在竹子、木頭、柱子上的對偶語句言，對仗工整，平仄協調，是一字一音的中文語言獨特的藝術形式。對聯相傳起於五代後蜀主

孟昶，它是中華民族的文化瑰寶。

匾額：匾額是古建築的必然組成部分，相當於古建築的眼睛，把中國古老文化流傳中的辭賦詩文、書法篆刻、建築藝術融為一體，集字、印、雕、色的大成，以凝練的詩文、精湛的書法、深遠的寓意、指點江山，敘述人物，是中國獨特的民俗文化精品。

【閱讀連結】

相傳大禹繼承他父親的遺志，開始認真治理洪水。他吸取父親一味堵塞蓄水最終失敗的教訓，決定採取因山勢疏導小河入大河，大河流東海的方法排除洪水。一天，禹從其誕生地鬱山南行至洛河岸邊進行調查，忽然，洛水中浮起一隻巨大的烏龜。禹看到大龜的背上有很多文字、數字和山川走向的地圖，非常高興。他耐心認真地研究了這些東西，並制定了九種治理水患的方法和路線。大龜背上的文字、地圖資料就是著名的「洛書」、「河圖」。有了洛書、河圖，禹對天下的山川、河道的情況就一清二楚了。禹帶著他父親留下的息壤，按照洛書描述的路線，用息壤堵住肆虐的洪水，把洪水引向鴻溝、窪地，最終將北方的小河都引入黃河水道，讓所有洪水都順著黃河奔流到海，有效地避免了洪水災害。

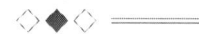

緬懷千載 —— 先賢英雄祭典

不論是先秦儒家的仁道、忠恕、博厚的思想，還是關聖人待事以忠、待人以仁、以義取利、以勇精進的民族精神和大義，還是宋代岳飛的精忠報國、遺風餘烈的儒將風範，以及一代天驕成吉思汗的倔強不拔、勇猛無敵的精神和機智敏捷的性格，都是中華民族的歷史文化累積，也是構成中華民族精神的資產，值得世人銘記和代代相傳！

緬懷聖人孔子的國之大典

魯襄公二十二年的八月二十七日申時，就是西元前551年，在魯國的陬邑曲阜東南的孔紇家裡，一個男嬰誕生了。

男嬰因為生來頭頂很凸，就像一個小山一樣，又因其母親曾經祈禱於尼山而得子，故取名為孔丘，字仲尼。他雖然從小家庭貧困，但他一直都勤奮好學。

曲阜是魯國的國都，魯國為西周初年周公的封地，由於這個原因，周天子給了魯國高級別的待遇，西周朝許多典章文物都被周公帶到了魯國。西周末年，社會動盪，周王室的許多典章文物都散佚不見了，魯國卻保留了不少，因此人們說「周禮盡在魯」。

孔丘從小就受到周禮的耳濡目染，他與小夥伴們嬉戲時，常把祭祀禮器擺放出來，練習禮儀。日復一日，他盡情地和小夥伴們玩著這種遊戲。

孔丘長大後，身高九尺有六寸，因此鄉人稱其為「長人」。他勤奮好學，當時社會上要求士人必須精通「禮、樂、射、御、書、數」六大科目，他都努力去掌握。他進太廟時

遇見什麼問什麼，表現了極其強烈的求知欲望。所以有了「子入太廟每事問」的典故。

孔丘時刻不忘隨時隨地研習周禮，透過不斷地觀摩鑽研，使他對周禮越來越熟悉了，他的名氣也越來越大了，就連魯國國君也開始注意到他了。

孔丘17歲時，母親顏徵在去世了。母親離世後，他的生活更為艱難了。迫於生計，他選擇了相禮助喪的職業，也叫喪祝，就是專門為貴族和富裕平民主持、操辦喪事。

孔丘雖然嚴肅認真地從事著助喪相禮的職業，但他卻不滿足於只做傳統的喪祝者，他希望把喪祝的禮儀發揚光大，使其成為一套社會規範的禮儀。於是他繼續刻苦學習周禮，很快地，他淵博的學識和出眾的才華，在喪祝活動中得到越來越多人的認可和賞識，他的名氣也越來越大了。於是，便有一些年輕人慕名而來求學於他，並尊稱他為孔子。

孔子淵博的學識和出眾的才華，得到越來越多人的認可和賞識，在魯國執政的正卿季武子就派人前來請他，讓他擔任中都宰。

孔子恪盡職守，正直公正，工作卓有成效，得到了眾人讚譽。與此同時，他一面做好本職工作，一面更加孜孜不倦地學習。他越學越感到不滿足，越學越感到自己與古代文化

結下了不解之緣。在此期間，曾點、顏路等青年先後拜孔子為師，做了孔子的學生。

隨著孔子名聲越來越大，前來拜孔子為師的人越來越多。他便在闕里的街西邊築起了杏壇，建成了中國歷史上的第一所民間學堂。由此，開啟了中國私人辦學的先河。他提出了「有教無類」，強調所有的人都可以接受教育。

孔子的私人辦學受到了上至達官貴族、下至平民百的普遍歡迎。孔門弟子最多時達到了3,000多人，其中賢能者有72位。

當時正是「百家爭鳴」時期，孔子的言論是百家爭鳴中最有影響的。以孔子為代表以及他的弟子們崇尚「禮樂」和「仁義」、提倡「忠恕」和「中庸」之道、主張「德治」和「仁政」、重視倫常關係，成為了當時一個最重要的學術流派。

因為孔子曾經從事過喪祝，他的學問也是從喪祝發展而來的，而從事喪祝的人需要身著特製的禮服，頭戴特製的禮帽，當時稱之為「襦服」。「襦」與「儒」字同音，人們便逐漸直接稱「喪祝」為「儒」了。於是，人們就把孔子創立的學派也就稱為「儒家」學派了。

孔子曾經帶領弟子周遊列國，晚年他返回魯國後，魯國給予了他很高的待遇，並尊他為國老。他晚年專心從事古代

文獻整理與傳播工作,致力於教育。

孔子系統地編寫了《易傳》。他還把相當一部分精力放在編訂其他儒家經典上,儒家的六部經典著作「六經」都是在這個時期編訂的。「六經」包括《詩經》、《尚書》、《儀禮》、《樂經》、《周易》、《春秋》。

同時,孔子又借鑑、吸收了老子的某些思想,形成了自己的思想價值觀,就這樣,早期儒家的思想體系終於誕生了。

孔子的弟子都非常尊敬他,他們把孔子的思想進行了廣泛傳播,在當時產生了很大影響。後來,孔子主要弟子及其再傳弟子把孔子的言行記錄並整理成了一部書,內容包括孔子談話、孔子答弟子問、弟子之間的相互討論以及弟子對孔子的回憶等,並取名叫《論語》,意思是語言的論纂。

這部書集中展現了孔子的政治主張、論理思想、道德觀念及教育原則等。全書共二十篇,每篇由若干段文字組成,多數段落是以「子曰」開頭的孔子語錄,少數段落略有記事和對話。

在《論語》中,表現了孔子因材施教的特點,他對於不同的學生對象,考慮其不同的程度、優點和缺點以及具體情況,給予不同的教誨,表現了他誨人不倦的可貴精神。

孔子畢生的倡導和歷代儒家的發展，使中國儒家學說成為了中華文化的主流，其指導思想逾兩千餘年。孔子思想體系的核心是德治主義，他倡導德化社會與德化人生。德化社會的最高標準是「禮」，德化人生的最高價值是「仁」。

孔子教導人們積極奉行「己欲立而立人，己欲達而達人」，「己所不欲，勿施放人」的「忠恕之道」，以建立正確的人生觀和正確處理人與人之間的關係。孔子倡導「天人合一」，以善處人與自然的關係，他還闡述和弘揚了人不僅要「仁民」，也要「愛物」的道理。

孔子堅決主張國家要實行「富之教之」的德政，使社會與文化得到發展。孔子認為文明的最高成就在於造就理想人格以創立理想社會，透過潛志躬行「內聖外王之道」，以達到「天下為公」、「大同世界」的境界。

在孔子死後的第二年，也就是西元前478年，魯哀公下令在曲阜闕里孔子舊宅立廟，將孔子生前所居房屋三間改做壽堂，陳列孔子生前使用的衣、冠、琴、車、書等，並按歲時祭祀，開啟了祭祀孔子的先河。

祭祀孔子的典禮，稱為「奠禮」。釋、奠都有陳設、呈獻的意思，指的是在祭典中，陳設音樂、舞蹈，並且呈獻牲、酒等祭品，對孔子表示崇敬之意。最初祭孔每年只有秋季一

次，後增為春秋二次。

後來，人們又在陰曆八月二十七日孔子誕辰這天舉行大祭。這一天的祭孔儀式隆重，在私塾念書和在學堂裡學習的學生也要放假一至三天，以示敬重。參加祭孔的人員，最初只限於孔氏直系子孫。

祭孔被當作國家的大典後，「家祭」仍照常進行。國祭多由皇帝專門指定的大臣、地方官或皇帝自己親至闕里孔廟致祭。

西元前195年，漢高祖劉邦「自淮南過魯，以太牢祀孔子」，同時封孔子九代子孫孫孔騰為「奉祀君」，負責有關祭祀孔子的事項。

此時，釋奠幾乎成了祭孔的專名，在此之前的周代比較多，有先聖、先師、先老、行者之先等，但是隨著歷史的發展，釋奠對象逐漸只剩下先聖和先師了，因此後世釋奠禮的對象固定為作為至聖先師的孔子、孔門弟子及其歷代有重大成就的儒門聖賢和儒學家。

東漢明帝時，詔命祀先師孔子和先聖周公。據《闕里志》記載：

靈帝建寧二年，祀孔子，依社稷。

也就是說，孔子享受和社稷神同樣的祭祀規格。魏晉南北朝期間，有時又以孔子為先聖，以顏回為先師奉祀。拜孔揖顏之禮更多是在國家太學舉行，往往是國子監祭酒負責典禮。

西元 445 年，南朝皇太子釋奠孔子用樂奏登歌，此為釋奠孔子用樂之始。隋文帝仁壽元年起，祭孔樂舞規定為孔子釋奠專用。

祭孔樂舞是孔廟祭祀大典的專用樂舞，以樂、歌、舞配合於禮制，是孔廟釋奠禮的重要組成部分，但是這種樂舞僅限於如「國祭」和「丁祭」，也就是在春夏秋冬四季仲月即農曆二、五、八、十一月的上丁日等重大的祭孔大典時才可以使用。

在中國古代，祭孔樂舞所用音樂的曲譜、宮調和舞蹈的舞譜圖示均由皇帝審定欽頒，其他任何人不得擅自更改。然而，自古禮不相沿、樂不相襲，大凡改朝換代，必有制禮作樂。因此，歷代制定的祭孔樂舞均有所不同。

東魏孝靜帝興和元年，兗州刺史李珽修建孔子及十弟子塑像，立碑於廟廷。

到了唐高祖李淵時期，曾於西元 619 年在國子學中立孔子廟和周公廟，親往釋奠，從此以後這項祭祀活動就多由皇

帝和皇太子親自祭奠了。

唐太宗以孔子為先聖，以顏回為先師，並昭尊孔子為宣父，在曲阜作孔廟，貞觀年間，由皇太子釋奠，並作初獻，以國子祭酒為亞獻，以兗州刺史為終獻，以二十二位儒家學者配享。

西元626年，唐高祖皇帝命太常寺祖孝孫、協律郎竇璡等人取「大樂與天地同和」之意製作「大唐雅樂」十二章，又稱「十二和」。包括了全部御用樂舞，祭孔樂舞屬於十二和的組成部分。

貞觀年間，協律郎張文收奉詔與起居郎呂才再行考證律呂，規定祭孔釋奠用「登歌」、奠幣樂奏《肅和》、入豆和徹豆，樂奏《雍和》，舞蹈則有文舞和武舞。

後來到唐玄宗開元年間，增「十二和」為「十五和」。在《全唐詩》中記述的關於釋奠文宣王樂章有七章，分別是《誠和》、《承和》、《肅和》、《雍和》、《舒和》、《迎神》和《送神》。

唐玄宗在位的西元720年，初定十哲配祀孔子廟，在先聖廟樹立孔子、顏回等十哲雕塑坐像，並在牆壁繪上七十位孔門弟子和二十二位賢人的畫像。在東京洛陽，西京長安，用太牢犧牲，一起舉行祭祀，音樂規格為宮懸，舞為六佾。而這一切，都已經是僅次於天子的規格了。

五代後漢時，廢除唐開元年間新增的三章，改「十二和」為「十二成」，釋奠時改《宣和》為《師雅》。後周時改「十二成」為「十二順」，釋奠時去《師雅》而樂奏《禮順》。

宋代是孔氏受朝廷恩寵較為興盛的時期，宋太祖建隆元年，親謁孔子廟，詔增修祠宇，繪先聖先賢先儒像，同時命太常寺、翰林院學士竇儼等人製作祭祀樂舞，改「十二順」為「十二安」。祭祀文宣王用《永安》之樂。皇帝親祀時，樂用「宮懸」，在當時，樂置四面，中間設舞為「宮懸」，釋奠用永安之樂。

西元962年，詔祭孔子廟，用一品禮，立十六戟於廟門。之後宋仁宗皇帝詔宰臣呂夷簡等人修訂祭孔樂舞，以《凝安》取代《永安》。祭孔時，升殿與降階樂奏《同安》；奠幣樂奏《明安》；酌獻樂奏《成安》；飲福樂奏《餒安》；送神樂奏《凝安》。

到了宋徽宗時期的西元1105年，專門設定了「大成樂府」，主持制定祭孔樂舞。三年之後，宋真宗在西元1008年賜孔子廟經史，又賜太宗御製御書一百五十卷藏於廟中書樓。二年春二月，詔立孔子廟學舍。

三月頒孔子廟桓圭一，加冕九旒，服九章，從上公制。夏五月詔追封孔子弟子，秋七月加左丘明等十九人封爵。西

緬懷聖人孔子的國之大典

元1010年又頒釋奠儀注及祭器圖，建廟學，頒降曲阜孔廟釋奠樂章，其中增加了升階和奠幣兩個樂章。

金世宗在西元1174年定金樂為「太和之樂」，每首樂章以「寧」字命名，如釋奠迎神樂奏《來寧》、盥洗樂奏《靜寧》、奠幣與初獻樂奏《和寧》等。

從元到清，孔廟神靈的設定，都基本沿襲宋朝確定的格局。明初，朱元璋尊孔循禮，規定每年仲春和仲秋的第一個丁日，皇帝降香，遣官祀於國學。以丞相初獻，翰林學士亞獻，國子祭酒終獻。

在此期間，元樂共有十九篇詩歌，七章曲譜，演奏三十四成，變換六、七個宮調。樂章以「明」字命名，如迎神樂奏《文明》、盥洗樂奏《昭明》、升殿與降階樂奏《景明》、奠幣樂奏《德明》、酌獻樂奏《誠明》、亞、終獻樂奏《靈明》、送神樂奏《慶明》，但是「樂懸」仍保持「登歌」的形式。

直到西元368年明太祖朱元璋命樂律官更制樂譜，樂章復以「和」定名，不久之後便向曲阜及全國頒發「大成樂」專祀孔子。後世的明憲宗增祭孔樂舞為「八佾」，加「籩」、「豆」為十二，以皇帝用樂和祭祀天神禮儀的規格祭祀孔子。

明世宗時又復「樂用軒懸，舞用六佾」。明樂將元樂十九篇綜合為六章六奏，並繼承了唐以來樂、歌、舞三位一體的

綜合藝術形式，使祭孔樂舞趨向於完善和精練。

在清代初期，盛京即建有孔廟。順治定都北京後，順治皇帝就曾在弘德殿祭先師孔子。在京師國子監立文廟，廟內有大成殿，專門用來每年舉行祀孔大典。文廟中還有啟聖祠、燎爐、瘞坎、神庫、神廚、宰牲亭、井亭等設施。

時間流轉，到了西元1667年，清康熙皇帝再作「中和韶樂」，取「天下太平」之意，樂章均以「平」字命名，頒至國學為釋奠孔子之用。

迎神樂奏《昭平》、初獻樂奏《寧平》、亞獻樂奏《安平》、終獻樂奏《景平》、撤饌樂奏《咸平》樂章。送神和望瘞時，更換歌詞，再復奏《咸平》之曲，全樂為五曲七奏。

乾隆皇帝當政之後，於西元1743年頒給全國各郡縣及闕里孔廟「四時旋宮」之樂，對康熙時的樂名有所改動，全曲更為六章八奏，後世基本沿襲了這一樂舞程序。

同時，朝廷追封孔子為「大成至聖文宣先師」，祀禮規格又上升為上祀，奠帛、讀祝文、三獻、行三跪九拜大禮，儼然與天、地、社稷和太廟的規格平起平坐了，整個清朝僅乾隆皇帝一人就先後8次親臨曲阜拜謁孔子，祭祀規模則更是隆重盛大，達到了頂峰。

這個時期的釋奠禮作為一種祭祀禮儀，繼續保持著祭祀

緬懷聖人孔子的國之大典

禮儀的基本程序結構，也就是齋戒、陳設、降神、三獻、辭神等儀式。

釋奠禮不設屍位，而且，即便是較早的釋奠禮也不設屍位。因為先師的思想和意圖在一個傳統的精神生活中具有高度的重要性和敏感性，沒有人能夠代表先師受祭，任何代表機制，即便是祭祀中禮儀性的代表機制，都可能存在擾亂教義的風險。

釋奠禮是國家最高等級的禮儀，並嚴格按著既定的規格和程序進行。這一點可以從正壇的「籩豆各十」，以及「成化十二年、增樂舞為八佾、籩豆各十二」看出。祭祀時的籩豆數，樂舞為多少佾，以及與祭者的身分，是表明祭祀規格的指標。籩豆十二和八佾，這是最高等級的規格。

祝文中所謂「皇帝遣具官某、致祭於大成至聖文宣王」，即它是皇帝委派某官來祭祀，同時，也是最廣泛的公共祭祀。各地的孔廟和學校均可以舉行釋奠禮。由於釋奠禮是公祀，祭祀規模較大，所以，禮儀程序中，須有以通贊唱引等有組織的、統一的方式進行，方能組織和協調眾多參祭者的施禮行為。

古代釋奠禮，祝文基本是固定的，僅將歲月干支依時變更。《大唐開元禮》等歷代禮書都有明確的範文，均沿用

古來慣例，參考歷代祭文，撰定藍本以推行開來。一般的格式如：

維某年歲次某甲子某月朔某日某衙門某官某等，敢昭告於至聖先師孔子。唯師德配天地，道冠古今，刪述六經，垂憲萬世，茲唯仲（春秋）謹以牲帛醴齊，粢盛庶品式陳，明薦以復聖顏子、宗聖曾子、述聖子思子、亞聖孟子配享。

在釋奠禮過程中要有樂舞，一般情況下，普通祭祀禮儀可以省略樂舞，但樂舞在祭祀孔子的釋奠禮中有發揚禮樂精神的特殊涵義，所以，在較為隆重的祭祀場合，都要安排樂舞。

祝文是釋奠禮的重要一部分，不同於普通祭祀中，祝詞表達對祭祀對象的禮敬。釋奠禮具有透過釋奠所選擇和尊重的先師來表明對儒教傳統的認同、繼承和發揚，從而表明國家遵循儒教傳統的制度性的肯定。

要完成將祭祀孔子落實為宣示奉行儒教的禮義，必須經過祝文的闡發，才能獲得實現。在這個意義上說，釋奠禮具有特殊的政治性和宗教性。

釋奠禮中有講經的傳統。在舉行釋奠禮之前或之後，講儒教六經或十三經中的某一經或某一經中的某一章，是古代釋奠禮的傳統，目的為了傳揚經典。

緬懷聖人孔子的國之大典

釋奠禮中最重要議程是三獻禮，主祭人要先整衣冠、洗手後才能到孔子香案前上香鞠躬，鞠躬作揖時男性要左手在前右手在後，女性要右手在前左手在後。所謂三獻，分初獻、亞獻和終獻。

初獻帛爵，帛是黃色的絲綢，爵指仿古的酒杯，由正獻官將帛爵供奉到香案後，主祭人宣讀並供奉祭文，而後全體參祭人員對孔子像五鞠躬，齊誦《孔子贊》。亞獻和終獻都是獻香獻酒，分別由亞獻官和終獻官將香和酒供奉在香案上，程序和初獻相當。

緊接著飲福受胙、撤饌、送神、望燎、擊柷作樂，捧柷帛者過訖。最後司祝者捧祝文，司帛者捧帛詣燎所，將祝文及帛燒掉，禮畢。

總之，《祭孔大典》是集樂、歌、舞、禮為一體的廟堂祭祀樂舞，有「聞樂知德，觀舞澄心，識禮明仁，禮正樂垂，中和位育」之謂，自古以來具有巨大的文化和藝術價值。祭孔大典主要包括樂、歌、舞、禮四種形式，樂、歌、舞都是緊緊圍繞禮儀而進行的，所有禮儀要求「必豐、必潔、必誠、必敬」。

大典用音樂、舞蹈等集中表現了儒家思想文化，展現了藝術形式與政治內容的高度統一，形象地闡釋了孔子學說中

「禮」的涵義，表達了「仁者愛人」、「以禮立人」的思想，具有較強的思想親和力、精神凝聚力和藝術感染力，對於弘揚優秀傳統文化、營造和樂氛圍、建構和諧社會、凝聚民族精神具有不可替代的社會作用。

【旁註】

魯國：周朝的同姓諸侯國之一。姬姓，侯爵。周武王滅商後，建立周朝後，封其弟周公旦於少昊之虛曲阜，稱為魯公。魯公之「公」並非爵位，而是諸侯在封國內的通稱。魯國先後傳二十五世，經三十六位國君，歷史八百餘年。

禮器：中國古代貴族在舉行祭祀、宴饗、征伐及喪葬等禮儀活動中使用的器物，用來表明使用者的身分、等級與權力。禮器是在原始社會晚期隨著氏族貴族的出現而產生的，進入商周社會後，禮器有了很大的發展，成為「禮治」的象徵，用以調節王權內部的秩序，從而維護社會穩定。這時的禮器包括玉器、青銅器及服飾。玉禮器有璧、琮、圭、璋等。

顏徵在（西元前568～西元前535年）：孔子的母親。孔子的父親是叔梁紇，他先娶妻施氏，生9女而無子；又娶妾，得一子，名孟皮，有腿疾；依當時禮儀不宜繼嗣。叔梁紇已72歲，納18歲的顏徵在為妾。顏徵在生孔子時，曾去尼丘

山祈禱,然後懷上孔子,故孔子起名為丘,字仲尼。孔子3歲時,叔梁紇去世,孔子17歲時,母親去世。

正卿:春秋時部分諸侯國的執政大臣兼軍事最高指揮官,上卿兼執政卿於一身,權力僅次於國君。亦有部分諸侯因政體不同,未設正卿一職。由於正卿為要職,終身執掌一國之命脈,權臣代替國君發號施令,容易造成君權下移於卿大夫之手,後被廢除。

百家爭鳴:指春秋戰國時期知識分子中不同學派的湧現及各流派爭芳鬥豔的局面。據有關記載,當時數得上名字的學派一共有189家,有4,324篇著作。後據有關記載,「諸子百家」實有上千家。但流傳較廣、影響較大、最為著名的不過幾十家而已,歸納而言只有10多家被發展成為了學派。其中以孔子、老子、墨子為代表的三大學派,形成了諸子百家爭鳴的繁榮局面。

《儀禮》:儒家十三經之一,內容記載著周代的冠、婚、喪、祭、鄉、射、朝、聘等各種禮儀,其中以記載士大夫的禮儀為主。秦代以前篇目不詳,漢代初期高堂生傳儀禮17篇。另有古文儀禮56篇,但已經遺失。

《論語》:儒家的經典著作之一,由儒家創始人孔子的弟子及其再傳弟子編撰而成。論語以語錄體和對話文體為主,

記錄了孔子及其弟子的言行,集中展現了孔子的政治主張、倫理思想、道德觀念及教育原則等。

魯哀公(?~西元前468年):姓姬,名蔣,為春秋諸侯國魯國君主之一,是魯國第二十六任君主。他為魯定公兒子,承襲魯定公擔任魯國君主,西元前494年到西元前468年在位,共在位27年。

私塾:私學的一種,清代地方儒學有名無實,青少年真正讀書受教育的場所,除義學外,一般都在地方或私人所辦的學塾裡。以經費來源區分,一為富貴之家聘師在家教讀子弟,稱坐館或家塾。二為地方、宗族捐助錢財、學田,聘師設塾以教貧寒子弟,稱村塾、族塾。三為塾師私人設館收費教授生徒的,稱門館、教館、學館、書屋或私塾。

顏回(西元前521年~西元前481年):字子淵,春秋時期魯國人。顏回14歲即拜孔子為師,此後終生師事之。在孔門諸弟子中,孔子對顏回稱讚最多,不僅讚其「好學」,而且還以「仁人」相許,稱為「顏子」。歷代文人學士對顏回也無不推尊有加,自漢高帝以顏回配享孔子、祀以太牢,三國魏正始年間將此舉定為制度以來,歷代君王無不尊奉顏子。

刺史:中國古代官職之一。漢初,文帝以御史多失職,命丞相另派人員出刺各地,不常置。刺史要負責巡行郡縣,

分全國為十三部，各置部刺史一人，後通稱刺史。刺史制度在西漢中後期得到進一步發展，對維護皇權，澄清吏治，促使昭宣中興局面的形成發揮正面的作用。

太常寺：屬於五寺之一，包括大理寺、太常寺、光祿寺、太僕寺、鴻臚寺。秦署奉常，漢改太常，掌宗廟禮儀，至北齊始有太常寺，清末廢。封建社會中掌管禮樂的最高行政機關，秦時稱奉常。

宮懸：皇帝用樂制度的級別，即宮廷懸掛鐘磬的數量與方法。禮樂制度的具體規定，按等級不同，規定所施行的用樂規模皇帝為「宮懸」、「八佾」，諸侯「軒懸」、「六佾」，卿、大夫「判懸」、「四佾」，士為「特懸」、「二佾」。

翰林學士：中國古代官職之一，學士始設於南北朝，唐初常以名儒學士起草詔令而無名號。唐玄宗時，翰林學士成為皇帝心腹，常常能升為宰相。北宋翰林學士承唐制，仍掌制誥。此後地位漸低，然相沿至明清，拜相者一般皆為翰林學士之職。清以翰林掌院學士為翰林院長官，無單稱翰林學士官。

金世宗（西元 1123 年～西元 1189 年）：即完顏雍，原名完顏褒，金朝第五位皇帝，在位期間停止侵宋戰爭，勵精圖治，革除海陵王統治時期的弊政。金世宗也被稱為「小堯

舜」。金世宗時期,改善了民族關係,卻未真正消弭。他死後諡號光天興運文德武功聖明仁孝皇帝,廟號世宗,葬於興陵。金世宗在金代歷史中占有相當重要的地位。

順治(西元 1638 年~西元 1661 年):即清世祖愛新覺羅‧福臨,清太宗皇太極第九子,6 歲繼位,是清朝入關後的第一位皇帝,滿族。在位十八年,葬於清孝陵,廟號清世祖。

樂舞:原始時期的音樂和舞蹈是緊密結合在一起的。這些樂舞與先民們的狩獵、畜牧、耕種、戰爭等多方面的生活有關。唐樂舞氣勢磅礡,場面壯觀,集詩、詞、歌,賦予吹奏彈唱,融鐘、鼓、琴、瑟於輕歌曼舞。樂曲高亢悠揚,動作舒展流暢,服飾華麗多姿,堪稱歷代歌舞之最。

望燎:按大祭禮制規定,每次大祭要焚燒紙一萬張、金銀箔一萬錠。燒祭時主家人要站在月臺西南角的「望燎位」上觀看,以盡孝道。這種儀式叫「望燎」,是祭祀最後一道程序。

【閱讀連結】

孔子在學習方面是很虛心的,尤為刻苦。有一次孔子隨師襄子學鼓琴,曲名是〈文王操〉。孔子苦苦練了很多日子,師襄子說「可以了」,孔子說:「我已經掌握了這個曲子的彈

法，但未得其數」。又練了很多日子，師襄子又說「可以了，你已於其數」可是孔子仍說「不可以，未得其志」。又過了相當的時間，師襄子認為這回真的可以了，可是孔子仍然認為自己沒有彈好這首樂曲子，於是，反覆的鑽研，體會琴曲的內涵直到他看到文王的形象在樂曲中表現出來了，才罷休，孔子精益求精的精神深深地感動了師襄子，用實踐證明了「學而不厭，誨人不倦」的道理。

弘揚關公道德人格的祭典

那是在東漢末年，蜀漢名將關羽進攻樊城，水淹魏將于禁七軍獲勝，軍威大振。曹操曾經商議遷都以避其鋒芒。十月，江東大將呂蒙乘關羽與樊城守將曹仁對峙之時偷襲荊州，攻占了關羽的大本營江陵。關羽兩面受敵，急忙從樊城撤兵西還，駐紮在麥城。

呂蒙採取分化瓦解的策略，使關羽的將士無心戀戰，逐漸離散。關羽孤立無援，堅守麥城。孫權派人誘降關羽，關羽偽稱投降，在城頭立幡旗，自己卻假裝軍士逃走了，只有十多騎跟隨。孫權派朱然、潘璋斷了關羽的退路，在臨沮捉獲關羽和其子關平，隨即將其處死。

孫權將關羽首級送給曹操，曹操以諸侯之禮將其安葬於洛陽，同時孫權則將關羽身軀以諸侯之禮安葬於當陽，並修建了關陵，稱當陽大王塚。蜀漢在成都為關羽建衣冠塚，即為成都關羽墓，以招魂祭祀，因此民間也稱關羽「頭枕洛陽，身臥當陽，魂歸故里」。

西元260年九月，蜀漢後主劉禪在追諡幾位重要大臣

時，追諡關羽為「壯繆侯」。

關羽是以忠貞、守義、勇猛和武藝高強稱著於世，歷代封建王朝都需要這樣的典型人物來作為維護其統治的守護神，因而無比地誇張、渲染其忠、義、勇、武的品格操守，希望有更多的文臣武將能像關羽那樣盡忠義於君王，獻勇武於社稷。

同時，集忠孝節義於一身的關羽在人們心目中的地位也在隨著時間的流逝而日益提升，他勇猛、講義氣、忠貞不渝的形象已經是不可改變的了，這是因為他早已具備了被神化的條件。

西晉時期陳壽所著的記載中國三國時期歷史的斷代史《三國志》中，關羽、張飛曾被魏、吳雙方稱為「萬人之敵」、「熊虎之將」，已經是一流美譽。「白馬」之戰中，關羽「望見顏良麾蓋，即策馬刺良於萬人之中，斬其首還，袁紹將莫能當者。」

尤其是都督荊州，相機北伐，殺龐德、擒于禁、「梁、郟、陸渾群盜或遙受羽印號，為之支黨。關羽威震華夏，曹公議徙許都以避其鋒。」離諸葛亮《隆中對》提出的「恢復中原」策略總目標只有咫尺之遙。

尤其是「威震華夏」一語，為中國歷代著史者僅有之頌

詞，尤其使後人心儀。故魏晉南北朝之武將，莫不以關羽和張飛二人自勵。

關羽既能夠衝鋒陷陣摧敵，又能夠「守經從權」，委曲求全，隨即千里投劉，既能節制一方，忠心衛疆，執行「北伐中原」的策略意圖，又能夠捨生取義，從容就死，所以一直都被後人奉為「忠義仁勇」的典範。

南北朝時期的西元 567 年，當陽縣玉泉山首建關公廟，開啟了對關公的信仰和祭祀。這不僅是封建統治階級對關公褒揚的產物，更是百姓精神生活的需求。統治階級從封建道德的角度大肆宣揚關公的忠孝節義，使關公信仰在不太長的歷史時間裡蓬勃發展，主要表現在廟宇增多，達數十萬座，關公的封號也不斷增多。

隋朝時出現了大量的有關關公的神仙故事，到了唐朝，各地都有關公廟，文人墨客詩文或碑帖中常提及關公，並開始出現在家庭中懸掛關公神像的現象。

西元 674 年，唐高宗李治敕封孔子為文宣王，姜子牙為武成王。安史之亂以後，為了激勵武將士氣，唐德宗接受顏真卿的建議，於西元 782 年禮儀使顏真卿奏請武成王配祀增加關羽等，共 64 人。但不久以後的西元 786 年又有丞相建議，姜尚祠廟只留張良陪祀，撤出其他將領。

弘揚關公道德人格的祭典

後來,隨著佛道兩教爭相神化關羽,儒家尤其是理學出於「神道設教」的政治設計,也開創出一整套國家體制下的儒家祠廟祭祀制度,並且開始用儒學系統闡釋關羽精神。

他們以關羽「興復漢室」作為「《春秋》大一統」理念的象徵,以「尊劉貶曹」為「正統史觀」的涇渭,以「寧死不屈」作為「忠節相尚」的象徵。隨著理學逐漸上升為國家意識形態,關羽形象也愈加完美了。

宋朝開國時重訂祀典,趙匡胤提出「取功業始終無瑕者」的完美標準,將關羽、張飛等22將黜出廟堂。但在范仲淹慶曆新政時,為了振奮軍心士氣,就恢復了原來的配祀。

宋徽宗在崇寧元年封關羽為忠惠公,西元1108年進封武安王,西元1123年敕封「義勇武安王,從祀武王廟」,已較其他諸將侯伯之爵優渥,宋王朝官方開始祭祀關公。

隨著金兵南下,關羽作為鼓勵將士英勇奮戰的榜樣力量受到重視,南宋朝廷一再為關羽加封徽號,直到西元1188年在當陽特封「壯繆義勇武安英濟王」,這是宋代對於歷代功臣烈士的最高封爵,也是以關羽為祈雨神祇的最初記載。

金、元承襲了宋代義勇武安王的封號,逕直稱為「關大王」,西元1329年元文宗孛兒只斤圖帖睦爾「加封漢關羽為顯靈威勇武安英濟王,遣使祀其廟。」

緬懷千載—先賢英雄祭典

明初朱元璋命將關羽祠廟重新恢復「壽亭侯祠」。西元1394年，朱元璋下令建廟於南京雞鳴山，列入祀典，嘉靖年間恢復關羽「義勇武安王」爵號。

萬曆年間，潘季馴治漕河，封高家堰關廟主神為「協天護國忠義大帝」，此為封關羽帝號之始。從此大運河沿途競相建立關廟，以祈保人流物轉之平安，這也是後世關羽司職財神重要緣由之一。

西元1595年，明神宗朱翊鈞敕解州關廟神主稱帝，西元1614年敕封天下關廟之神為「三界伏魔大帝神威遠鎮天尊關聖帝君」，此為天下關廟都可以稱為帝的開始，自此關羽成為無上尊神。

到了明末清初，滿情政權已經開始崇敬關公。努爾哈赤建立後金政權的前一年，也就是在西元1615年的時候，就在赫圖阿拉城內城南門修建關帝廟，是後金國初七大廟之一。西元1643年清太宗愛新覺羅皇太極以瀋陽為京城，即敕建關廟，賜額「義高千古」。

西元1725年，清朝世宗皇帝雍正頒詔比隆孔子儀典：

追封關帝三代俱為公爵，牌位止書追封爵號，不著名氏。於京師白馬關帝廟後殿供奉，遣官告祭。其山西解州、河南洛陽縣塚廟，並各省府州縣擇廟宇之大者，置主供奉後殿，春秋兩次致祭。

這是關羽列入符合儒家規範之國家祭祀主神，護國佑民的開始。西元1776年，雍正皇帝再次頒詔：

所有《（三國）志》內關帝之諡，應改為『忠義』。

西元1854年，頒詔更定關廟祭禮，與祭祀孔子規格全然相同。又自清代自順治開始，歷代皇帝對於關公屢有崇封，光緒時達到22字：

忠義神武靈佑仁勇威顯護國佑民精誠綏靖翊讚宣德關聖大帝。

為歷朝人臣之最。此外，清廷坤寧宮還特別保留有滿洲原始信仰「堂子祭」，朝祀釋迦牟尼佛、觀世音菩薩、關聖帝君等。

每年正月初二回神，每月初一，四月初八佛誕日，三、九月馬祭、四季獻神及薩滿特有的殺豬供祭卜吉，求佛柳祭等場合，均有對「三軍之帥關聖帝君」的禱告奉獻，非常虔敬，這個風習在有清一代宮廷裡貫穿始終，就是在滿族民間家祭所供的三個神位中，也有關公，可見崇祀之盛。

山西運城作為關羽的家鄉，祭祀活動則更加盛大，對於關公的祭祀，官方的祭祀大約始於北宋徽宗宣和年間。在此之前，真宗大中祥符年間雖有「關公解池斬妖」的神話傳說，史籍裡也有真宗皇帝派官員到當陽玉泉寺祭祀關公的記載，

但沒有形成制度，祭祀也不規範。

朱元璋之後將關公由「從祀」更新到「專祀」，祀典也日益隆重。《關帝志·祀典》稱：

明嘉靖年間（西元1522年－西元1566年），定京師祀典，每年五月十三日遇關公生辰，用牛一、羊一、豬一、果品五、帛一，遣太常官行禮。四孟及歲暮，遣官祭，國有大事則告。凡祭，先期題請遣官行禮。

另據《明史·志二十六·禮四》記載：

以四孟歲暮，應天府官祭，五月十三日，環路南京太常寺祭。

由此可知，明代的京師北京和應天府南京每年的四季之初、歲暮除夕和五月十三日，皇帝都要派遣專司禮儀的太常寺官員前往解州關帝廟祭祀關帝。拜祭的禮品亦有嚴格定數，不得違犯規制。凡國有大事和朝廷有重要活動，都要派官員到解州關帝廟向關帝報告。

明王朝將五月十三日定為關公的生辰，運城民間又有五月十三日為「關老爺磨刀日」的說法，兩者有無連繫，一直都沒有定論。運城的解州關帝廟的祭祀由州守主持，以每年的農曆四月八日、九月十三日為祀期。

解州關帝廟祭祀與京師國家祭祀相比，屬於「小祀」，

故不用牛。至萬曆年間，巡撫呂坤酌定祭祀關帝的禮品為：鹿一、兔一、羊豬各一、藁魚豚肉四色、米餅、糝、糗、米粉、粢、榛、㮚、菱、芡、果蔬、韭青、芹、筍、酒、鹽、香、帛、燭炬、松膏等。祭祀時要宣讀《祝文》，用於正殿的祝文是：

唯帝忠義貫日，英烈蓋世。志復漢基，百代崇祀。唯茲解州，關帝故里。今當仲春秋，謹以牲帛粢醴，式陳明事。

用於崇寧殿的祝文是：

唯神葆真涵光，孕秀毓醇。發祥應運，聖嗣篤生。正直不迴，咸靈炟赫。天壤同朽，金石靡泐。有開必先，疇其啟左。丕顯丕承，神功斯懋。余忝守土，肅守時禋。晉南胯蟄，如格如歆。

進入清代，官方祭祀解州關帝廟的規模進一步擴大，規格也更加提升。清世宗雍正年間，京師增加春秋二祭，變原來的一年一大祭為三大祭。越一年，由太常寺奏定，朝廷頒布祀儀如「中祀」制。

五月十三日祭祀用牛、羊、豬各一頭，果五盤、帛一匹。春秋二季的祀禮和文廟一樣，牛、羊、豬各一頭，豆類十種，帛一匹。規定「前殿大臣承祭，後殿以太常長官承祭」。解州關帝廟的祭祀仍由州守主祭。西元1744年正月，

緬懷千載—先賢英雄祭典

清高宗弘曆主持擬定解州關帝廟正殿和崇寧殿的祝文，正殿的祝文：

唯帝浩氣凌霄，丹心貫日。扶正統而彰信義，威震九州；完大節以篤忠貞，名高三國。神明如在，遍祠宇於寰區；靈應丕昭，薦馨香於歷代。屢徵異跡，顯佑群生。恭值嘉辰，遵行祀典。筵陳籩豆，凡奠牲醪。

崇寧殿的祝文：

唯公世澤貽庥，靈源積慶。德能昌後，篤生神武之英；善則歸親，宜享尊崇之報。列上公之封爵，錫命猶隆；合三世以肇禋，典章明備。躬逢諏吉，祇事薦馨。

清代後期，祭祀關帝的典禮達到極盛。西元1853年咸豐皇帝將關帝正式列為「中祀」，祭關要「行禮三跪九叩，樂六奏，舞八佾，如帝王廟儀」。解州每年的歷農四月初八關公廟會即是集祭祀關帝、商貿活動、物資交流、文化娛樂為一體的群眾集會，其影響波及周邊的陝西、河南等省。

民間祭祀關公的活動是隨著統治者的倡導而逐漸興盛起來的，大致與官方的祭祀始於同一時期。據清嘉慶版《關帝聖蹟圖志全集》記載：

每歲四月八日傳帝於是日受封，遠近男女，皆刲擊羊豕，伐鼓嘯旗，徘優巫現，舞燕娛悅。秦、晉、燕、齊、汴、衛之人肩轂擊，相與試槍棒、校拳勇，傾動半天下。

这段簡短的文字，不僅記述了民間祭祀關帝的時間、所獻禮品而且還實錄了開展祭祀活動的地域及祭祀形式。在傳為關公受封的這天，男女鄉民殺羊宰豬，擊鼓吹簫，載歌載舞，前往關廟祭拜。

各種戲劇藝人和專替人祈禱的巫師亦在關廟內演出禱告。會武術的教師相互比試槍棒練習拳勇，爭相獻技。參加祭祀活動的人很多，以致肩摩轂擊。而且這種活動遍及山西、陝西、河北、河南、山東等地，幾乎占了大半個國家。

運城為關公的生養之地，民間祭祀關帝活動比之全國各地更甚，明崇禎年間，解州民間每年祭祀關帝的活動多達4次。據崇禎年間編撰的《建關聖常平村祖塋祀田碑記》記載：

四月初八日關聖受封之期，六月二十二日為誕辰，九月十三日為忌日，五月十三日為賽會。

在這4個時間裡，鄉民們都要前往解州關帝廟和常平村關聖家廟舉行盛大的祭祀活動。

運城民間祭祀關帝的活動有兩種形式，一種是以一村、一社或者一族同姓者為單位前往關廟祭拜，祭品或村社購買，或攤派製作。祭典由村長、社首、族長主持，鑼鼓儀仗均經專門訓練，敲打套數，排列秩序亦有講究。獻演的戲劇有的聘請專業班社，有的是本村社的「家戲」登臺。

另一種是一家一戶祭拜，由家長主持，所獻祭品薄厚不一，量力而行，貴在誠心。這種「私祭」形式自由廣泛，可以前往關廟獻祭，也可以在自家正屋神位懸掛關帝畫像，焚表上香，頂禮膜拜，祈求關帝保佑，消災避難，福壽安康。

廟會也是祭祀關帝的一種形式，它是由官祭演化而來。「遊關廟、拜關公、趕廟會」是河東大地一項歷史悠久的民俗文化活動。農曆四月初八，是關帝受封之日，也是解州鎮古廟會關帝廟舉辦「關帝巡城」活動之日。當日上午，十里八村的鄉親早早趕到關帝廟觀看由數百人表演的「關帝巡城」迎神儀式。

巡城活動在隆隆的禮炮聲中拉開帷幕之後，「請神」儀式就在關帝廟內正殿前舉行。經過迎神、進俎、上香、薦酒、恭讀請神文、望燎等過程，在鑼鼓、嗩吶、高臺、花鼓等節目表演之後。令旗、標旗、關旗開道，鑾駕、香盤，「八抬」、「抬閣」隨同陪駕下，由八名壯漢同抬一頂大轎，裡面安坐著關聖帝君塑像。

一支浩浩蕩蕩關帝巡城隊伍由關帝廟出發，途經西門口、城隍廟路口、十八畝路口繞城一周然後返回。關帝聖像所經之處，街道兩旁的人們紛紛在門口擺上香燭、水果、關帝塑像等，鳴放鞭炮，共同祈福，熱鬧非凡。

整個街道上人山人海，家家擺放貢品，戶戶焚香迎神，虔誠之至。人們以「願關老爺的神靈佑護你我眾生，身體健康，萬事如意」等吉語迎送關羽塑像，同時人們還進行各種經濟、文化交流活動。

在各種民間祭祀活動中，還有以「領羊」來祭祀關公的。「領羊」就是牽著羊祭祀關公，祈求平安吉祥。

首先選一隻羊，羊頭及全身以紅綠綢布結花，由鼓樂師吹奏導引，主祭人手捧香火，眾祭人「領羊」緊隨，到「關聖帝君」前行叩拜禮，然後主祭人焚香獻酒，再斟酒敬羊。

如羊受酒搖頭，則表示「關聖帝君」附於羊，賜福於眾人等，若羊頭不搖，主祭人即用燙酒澆羊頭，羊頭遇燙酒必搖頭，則願望能達。為表示誠心，這隻「領羊」便作為祭物留在廟中。

由於關羽不僅受到儒家的崇祀，同時又受到道家、佛家的膜拜，所以關羽是橫貫儒、道、佛三大教派的神祇。但其中以儒家關羽展現了更多關羽的本色，隨著關羽地位變得顯赫，關羽更被尊稱為「武王」、「武聖人」，與孔子並肩而立。

同時，關公待事以忠，待人以仁，以義取利，以勇精進，這種精神已然成為民族精神和大義，關公這種精神作為中國的傳統文化，特別是儒家文化的組成部分，也是倫理型

文化，倫理道德是其核心內容。關公的忠、義、仁、勇，滲透著儒家的倫理道德精神。

千百年來，人們崇拜關公，本質上是崇拜關公高尚的道德人格。關公對國以忠，待人以義，處世以仁，作戰以勇的精神，展現了中華民族的傳統美德。

【旁註】

呂蒙（西元178年～西元219年）：字子明，東漢末年名將，汝南富陂人。少年時依附姐夫鄧當，隨孫策為將。以膽氣稱，封別部司馬。呂蒙發憤勤學的事蹟，成為了中國古代將領勤補拙、篤志力學的代表，與其有關的成語有「士別三日」，「刮目相待」、「吳下阿蒙」等。

招魂：中國的一種風俗儀式，據說客死在他鄉的魂魄，找不到歸途。這個魂魄就會像他的屍體一樣停留在異鄉，受著無窮無盡的悽苦。除非他的家人替他「招魂」，使他聽到那企望著他的聲音，他才能夠循著聲音歸來。死者的屍體安排就緒之後，就要舉行招魂儀式。

《三國志》：《三國志》是由西晉陳壽所著，記載中國三國時代歷史的斷代史，同時也是二十四史中評價最高的「前四史」之一。《三國志》全書一共65卷，書中有440名三國歷

史人物的傳記，全書共65卷，36.7萬字，完整地記敘了自漢末至晉初近百年間中國由分裂走向統一的歷史全貌。

《隆中對》：原名《草廬對》，是中國東漢末年諸葛亮與劉備在隆中的談話內容，選自《三國志‧蜀志‧諸葛亮傳》。《隆中對》中，諸葛亮為劉備分析了天下形勢，提出先取荊州為家，再取益州成鼎足之勢，繼而圖取中原的策略構想。

敕封：明、清對文武官員及其先代妻室贈予爵位名號時，皇帝詔命有誥命與敕命之分，五品以上授誥命，稱誥封；六品以下授敕命，稱敕封。誥命與敕命形如畫卷，軸端一品用玉，二品用犀，三品與四品用裹金，五品以下用角，參見「封贈」。

《春秋》：儒家的經書，記載了從西元前722年到西元前481年的歷史，也是中國最早的一部編年體史書。《春秋》一書的史料價值很高，但不完備。在中國上古時期，春季和秋季是諸侯朝聘王室的時節，因此「春秋」是史書的統稱。

宋徽宗（西元1082年～西元1135年）：名趙佶，是宋神宗的第十一個兒子，宋朝的第八位皇帝。趙佶先後被封為遂寧王、端王，於西元1100年正月為帝，第二年改年號為「建中靖國」。宋徽宗在位25年，終年54歲，葬於永佑陵。宋徽宗自創了一種書法字型，被後人稱之為「瘦金書」。

努爾哈赤（西元 1559 年～西元 1626 年）：即愛新覺羅·努爾哈赤。清王朝的奠基者，通滿語和漢語，喜讀《三國演義》。清朝建立後，尊為清太祖，諡曰「承天廣運聖德神功肇紀立極仁孝睿武端毅欽安弘文定業高皇帝」。

除夕：指農曆每年末最後一天的晚上，即大年初一前夜，是中國傳統節日中最重要的節日之一。年的最後一天叫「歲除」，那天晚上叫「除夕」。除夕人們往往通宵不眠，叫守歲。」除夕這一天，家裡家外不但要打掃得乾乾淨淨，還要貼門神、貼春聯、貼年畫、掛燈籠。

巡撫：又稱撫臺，中國明清時期的官名，主管一省的軍政和民政，是代表著地方的軍政大員之一。巡撫要巡視各地的軍政、民政大臣，以「巡行天下，撫軍按民」而得名。

清高宗（西元 1711 年～西元 1799 年）：即愛新覺羅·弘曆，清朝第六位皇帝，定都北京後第四位皇帝。年號乾隆，寓意「天道昌隆」。25 歲登基，在位六十年，退位後當了三年太上皇，實際掌握最高權力長達六十三年零四個月，是中國歷史上執政時間最長、年壽最高的皇帝。廟號「清高宗」，諡號「法天隆運至誠先覺體元立極敷文奮武欽明孝慈神聖純皇帝」，葬於清東陵裕陵。

籥：單管、豎吹，是一種非常古老的漢民族吹奏樂器。

簫歷史悠久，音色圓潤輕柔，幽靜典雅，適於獨奏和重奏。它一般由竹子製成，吹孔在上端。有六孔簫和八孔簫之分，以「按音孔」數量區分為六孔簫和八孔簫兩種類別。

道家：中國先秦時期的一個思想派別。代表人物有老子、列子、莊子、慎到、楊朱等。道家以道、無、自然、天性為核心理念，認為天道無為、道法自然，據此提出無為而治、以雌守雄、以柔克剛等政治、軍事主張，對中國乃至世界的文化都產生了巨大的影響。

【閱讀連結】

宋徽宗年間，在解州發生了一場災害，鹽湖連續 8 年沒有出過一粒鹽！根據上古傳說，蚩尤與黃帝大戰戰敗後，他倒地化為鹽池，後來鹽池不出鹽，人們認為是蚩尤在作怪。

由於解州鹽池收入占當時朝廷總稅收的六分之一，這讓宋徽宗很是擔心，就請龍虎山的天師道掌門人張天師前來作法除妖。儘管張天師用盡渾身解數，也不見任何效果。

於是，宋徽宗想到了關羽，便設壇請關公下凡幫助戰勝蚩尤。果然，關羽下凡之後，鹽池就重新出鹽了。關羽的威名不脛而走，在人們心中的名望也陡然大增，祭拜他的人也更多、更虔誠了。

表達英雄敬仰的岳王祭祀

那是北宋年間，北方的游牧民族建立了一個王朝，稱為金國。金國不斷闖到宋地來搶東西，而且還殺人、放火。這讓很多人沒有房子住，沒有東西吃。而當時的皇帝，懈怠朝政，致使宦官專政，軍備廢弛。

面對金國強烈的襲擾，宋王朝的軍隊毫無抵抗之力，只能節節敗退，國家處在生死存亡的關頭。到了西元1126年的時候，金國大舉入侵中原，有位叫岳飛的青年決定投入宋軍報效國家。

岳飛投軍之後，他從西元1128年遇到大將宗澤開始，到西元1141年為止的十餘年間，率領岳家軍進行了大小數百次戰鬥，所向披靡，位至將相。

岳飛重視團結百姓的力量，他締造了「連結河朔」之謀，主張黃河以北的義軍和宋軍互相配合，夾擊敵軍，以收復失地。

岳飛治軍，賞罰分明，紀律嚴整，又能體恤部屬，以身作則，他率領的「岳家軍」號稱「凍殺不拆屋，餓殺不打

擄」，深得老百姓擁戴。

以至於金軍中流傳著「撼山易，撼岳家軍難」的說法，表示對「岳家軍」的最高讚譽。岳飛反對「僅令自守以待敵，不敢遠攻而求勝」的消極防禦策略，一貫主張積極進攻，以奪取鬥爭的勝利。

但是在宋王朝內部，以秦檜為主的保守派卻一意求和，並以十二道金牌下令退兵。岳飛在孤立無援之下被迫班師。在宋金議和過程中，岳飛遭受秦檜、張俊等人的誣陷，被捕入獄。西元1142年1月，岳飛以「莫須有」的「謀反」罪名與長子岳雲和部將張憲同被朝廷殺害。

可以說，岳飛是中國古代治軍的楷模，「岳家軍」成為一時的典範。他雖然沒有軍事論著傳世，但從其散見於史書篇牘中的論述和軍事實踐中，可以看出岳飛軍事思想的主要內容。

前人在總結岳飛的治軍思想時指出有六個方面，那就是貴精不貴多、謹訓習、賞罰公正、號令嚴明、嚴肅紀律、同甘苦，這六方面的核心便是以嚴治軍。

在武術史上，岳飛被後人尊為「武聖」，深受後世的敬仰。岳飛自幼拜名師習武，武功精湛，技藝出眾。後來流傳和形成的諸多拳派拳種，很多都冠以「創始人」岳飛之名，而

盛傳於民間各地，流傳不絕，影響極深。

岳飛在作戰中不僅強調要有勇敢的精神，而且更為重視謀略的作用。同時，岳飛注意靈活用兵。宋王朝實行「將從中御」，將帥作戰必須依事先準備的陣圖行事，不得擅自改變。岳飛認為，陣圖有一定的局限，而戰場是千變萬化的，「古今異宜，夷險異地」，不能照搬陣圖。

岳飛還說：「兵家之要，在於出奇，不可測識，始能取勝，若平原曠野，猝與敵遇，何暇整陣？」因此，他提出「陣而後戰，兵法之常，運用之妙，存乎一心」的思想。另外，岳飛還提出「善觀敵者逆知其所始，善制敵者當先去其所恃」的思想。

岳飛雖然被殺害了，但他的業績不可磨滅。岳飛表達了被侵略民族的要求，堅持崇高的民族氣節，堅持了正義的鬥爭。

岳飛聯合軍民，保住了南宋半壁河山，使得南方的人們免遭戰爭的蹂躪，從而保住了高度發展的經濟和文化，並使之得以繼續向前發展。

岳飛被害後，獄卒隗順冒險將岳飛遺體背出杭州城，埋在錢塘門外九曲叢祠旁。隗順臨終前，才將此事告知其子。

西元1162年宋孝宗即位之後，岳飛的冤獄終於平反。隗

順之子告以前情，乃將飛以禮改葬在西湖棲霞嶺。西元1178年，諡岳飛為「武穆」，宋寧宗時追封為鄂王，理宗時改諡忠武。西元1211年，又追封岳飛為「鄂王」。

此後，杭州、安陽等地都建造岳王廟。泉州晉江石龜村，是岳飛第三子岳霖之妻的娘家，泉州人民同情與崇敬岳飛，感情更加強烈。南宋初年泉州東門外鳳山忠義廟，最早是祭祀岳飛的。此後，岳飛成為泉州的王爺神祇之一，還被道教奉為「護法四大元帥」之一。

元朝統一全國後，對於岳飛不僅給予封諡，而且支持對杭州的岳廟及墳墓的修繕。對此，元人陶宗儀曾有記述，在岳飛原有的封號上添增諡文，以示褒獎。

另外，陶氏記述在元代初期，岳飛寺廟由衰敗到修葺情況的同時，也表彰了地方官員為收回岳廟的舊田產和新賜墓田等所做的工作。說明元朝上至朝廷、下至地方官吏都將岳飛作為忠臣烈士加以推崇的。

根據元朝祭祀規定，岳飛當屬於被崇祭祀的對象。《元典章》中記載有很多朝崇祭祀的詔旨，如在西元1294年四月的時候，元世祖忽必烈詔告各地官府，對五岳四瀆，遣使詣祠致祭。其名山大川、聖帝明王、烈士載在祀典者，所在長吏，除常祀外，擇日致祭，廟宇損壞，官為修理。岳飛墓也

在修葺祭祀之列。

此後不久的西元 1311 年正月初五日，忽必烈又詔書天下，其路府州縣名山大川、聖帝明王、忠臣烈士、凡在祀典者，各具事蹟申聞，次第加封。除常祀外，主者施行，嚴加致祭，廟宇損壞，官為修葺。

從這些詔令來看，元朝政府對前代聖帝明王、忠臣烈士的祭祀及廟宇修復是有所規定的。因此，元朝杭州地方官對岳飛廟宇的修復和祭祀，並非完全出於個人原因，而屬於職責範圍。

元朝不僅保護先賢遺跡，而且優待先賢之後。這一政策，在岳飛後人身上也有展現。早在元太宗統治時期，就曾訪得宋鄂王飛後、湯陰人岳珍，授予許州長官。岳飛六世孫岳浚，於元成宗大德間，曾任石門縣尉。英宗至治年間，任松陽縣惠洽巡檢司長官的岳自修，「字德敏，宋太師鄂忠武王五世諸孫，今為常之宜興人」。

岳氏常州路宜興州這一支血脈，是「岳王弟經略使之孫，自九江來居，由宋而元，子孫繁衍，文物之盛，拔萃同里」，元代已是「常之望族」。岳飛死後數年，其孫岳珂曾編輯岳飛傳記資料，定名《金佗稡編》，後原刻散佚，西元 1361 年，「江浙行省中書平章政事兼同知行樞密事吳陵張公，命斷

事官經歷吳郡朱元佑重刻之」。由此可見，元朝對岳飛是尊崇的。

最能反映元朝政府對岳飛評價的資料，還當屬《宋史‧岳飛傳》。由元代國家組織修撰的《宋史》，是二十四史中一部官修正史。《宋史》對岳飛的評價，集中反映在該書的列傳《岳飛傳》中。可以說，《宋史‧岳飛傳》基本上反映了元朝官方觀點。

書中將岳飛歸入了南宋軍事將領類中。在入傳的南宋軍事將領中，岳飛名列第二，僅次於韓世忠之後。而且，岳飛與其子岳雲獨占一卷，足見岳飛在元朝史官眼中的地位之重。

此外，書中還就岳飛的人品、思想境界、以國家利益為重的精神以及岳飛的軍事才能推崇備至，在普通的百姓心中，對岳飛也就更加尊崇了。

在宜蘭，每當岳飛誕辰這天，人們就會聚集在碧霞宮紀念岳武穆王以三獻古禮祭拜，在編鐘伴奏下，學童們扮起岳家軍，持斧盾，跳佾舞，合唱滿江紅、歌頌岳武穆。

「……待從頭收拾舊山河……，朝天闕！」當地官員們分別擔任祝壽官、分獻官，在禮生的引領下，以三獻古禮祭拜。三獻古禮，搭配古樂，迎神時，樂奏「景頌之章」，進饌

時,樂奏「薦頌之章」,行初獻禮時,樂奏「清頌之章」,亞獻禮、終獻禮時,樂奏「咸頌之章」,還特別以古樂器編鐘伴奏,顯得格外隆重。

整個儀式十分嚴謹,祭拜者讀疏祝文,讓參加祭祀的人們也感受到民族英雄的精神永留人間的意義。

在河南安陽、開封朱仙鎮、湖北武昌等地都有供奉岳飛的岳王廟,在這裡,人們不僅可以表達對英雄的敬仰之心,還會舉行各種形式的紀念活動來懷念英雄,每當這個時候,香霧繚繞,綿延不絕。

【旁註】

宗澤(西元1060年～西元1128年):北宋末、南宋初抗金名臣。字汝霖,剛直豪爽,沉毅知兵。進士出身,歷任縣、州文官,頗有政績,著有《宗忠簡公集》傳世。宗澤東京保衛戰是兩宋之際以宗澤等抗戰派將領為首的宋朝軍民抗擊金軍侵略、保衛首都開封的重要戰爭。

岳雲(西元1119年～西元1142年):岳飛的長子,中國歷史上少有的少年傑出英雄。他善使雙錘,有萬夫不當之勇。他慷慨忠勇,頗有父風,在反抗金兵侵略的戰鬥中屢立奇功,百戰百勝。卻於紹興十一年除夕和父親岳飛及部將張

憲一起慘遭殺害，死時年僅 23 歲。

宋孝宗（西元 1127 年～西元 1194 年）：名伯琮。宋太祖七世孫。宋孝宗被認為是南宋最有作為的皇帝，在位 27 年。宋孝宗在位期間，宋孝宗平反岳飛冤獄，起用主戰派人士，銳意收復中原。宋孝宗專心理政，百姓富裕，五穀豐登，太平安樂，史稱「乾淳之治」。

《元典章》：是西元 1322 年以前元朝法令文書的分類彙編，全名《大元聖政國朝典章》。在元成宗時期，曾規定各地官府抄集中統以來的律令格例，「置簿編寫檢舉」，作為官史遵循的依據。《元典章》就是地方胥吏匯抄政府法令的一種坊刻本。

《宋史》：二十四史之一，收錄於《四庫全書》史部正史類。於西元 1343 年由丞相脫脫和阿魯圖先後主持修撰，《宋史》與《遼史》、《金史》同時修撰。《宋史》全書有本紀 47 卷，志 162 卷，表 32 卷，列傳 255 卷，共計 496 卷，約 500 萬字，是二十五史中篇幅最龐大的一部官修史書。

【閱讀連結】

早在岳飛為張所部下時，張所素聞岳飛「勇冠三軍」，便問他：「汝能敵幾何？」岳飛回答說：「勇不足恃，用兵在先

定謀」。他列舉春秋晉國「欒枝曳柴以敗荊（楚），莫敖採樵以致絞」為例，認為此「皆謀定也」。所以，岳飛進一步肯定了謀略在作戰中的作用。他說：「謀者勝負之機也。故為將之道，不患其無勇，而患其無謀。」明確指出了謀略是決定作戰勝負的關鍵。岳飛不是忙壯漢，而是具有文韜武略的治國之才。

長盛不衰的成吉思汗祭典

相傳鐵木真 9 歲的時候，他的父親也速該帶他出遊，巧遇蒙古人德薛禪。德薛禪願將女兒孛兒帖許配鐵木真為妻，鐵木真就留在岳家，等待成人後結婚。

不料也速該獨自返回時，誤食仇人酒食，中毒身亡。從此，也速該的部落潰散，鐵木真母子被人欺凌，遭遇到不少驚險。

在一次逃亡中，追兵緊追不捨，鐵木真藏匿在一家牧民的羊毛堆中過了四個時辰。追兵扒開羊毛搜尋，鐵木真縮做一團，屏著氣息，一動不動。

幸得主人女孩故意高喊：「這般炎熱的天氣，羊毛堆中哪裡能夠藏人！熱也熱死了。」

追兵這才散去。鐵木真雖然逃過一劫，可日後他是連連吃敗仗，連妻子孛兒帖都被敵人搶跑了。搶他妻子的是蔑里吉部落的人。早年，鐵木真的母親訶額侖，就是他父親從蔑里吉人那裡搶來的。蔑里吉人強大之後，糾結起來前來報復。不過，沒有奪回訶額侖，而擄了孛兒帖。

鐵木真吃敗仗丟了妻子，無奈只得去求克烈部落的首領脫里。他哭拜道：「我的妻被蔑里吉人擄去了，你們幫幫我吧！」

脫里道：「我助你去滅那仇人，奪還你妻。你奉我命去通知札木合兄弟，教他發兵二萬，做你左臂；我這裡起二萬軍馬，做你右臂，滅了蔑里吉部落，奪回你的妻子！」

鐵木真叩謝而出，點起行裝，與母親兄弟等，領了數十名夥伴，即日出發。在左右四萬人的夾擊下，鐵木真一舉消滅了敵人。全部戰利品由脫里、札木合、鐵木真三股均分。

鐵木真不僅找回了妻子，也有了家底。三四年後，鐵木真帳下部族達三四萬人，比他父親也速該在世時倍加興旺了。大眾便推舉擁戴鐵木真為首領，做了這個部落的「汗」。

鐵木真成了「汗」，立即建立起了管理體系，他任命戰將，發展實力，日後他成了大汗。此後，鐵木真南征北戰，帶領兒孫遠征歐亞非許多個國家，建立了宏大的草原帝國。

在成吉思汗統一蒙古以前，由於蒙古族還沒有文字，只靠結草刻木記事。在鐵木真討伐乃蠻部的戰爭中，捉住了一個名叫塔塔統阿的畏兀兒人。他是乃蠻部太陽汗的掌印官，太陽汗尊他為國傅，讓他掌握金印和錢穀。鐵木真讓塔塔統阿留在自己左右，「是後，凡有制旨，始用印章，仍命掌之」。

長盛不衰的成吉思汗祭典

　　不久,鐵木真又讓塔塔統阿用畏兀兒文字母拼寫蒙古語,教太子諸王學習,這就是所謂的「畏兀字書」。從此以後,蒙古汗國的文書,「行於回回者則用回回字」,「回回字只有二十一個字母,其餘只就偏旁上湊成。行於漢人、契丹、女真諸亡國者只用漢字」。

　　而在一個相當時期內,在蒙古本土還是「只用小木」。「回回字」就是指的「畏兀字書」。雖然忽必烈時曾讓國師八思巴創製「蒙古新字」,但元朝退出中原後就基本上不用了,而「畏兀字書」經過 14 世紀初的改革,更趨完善,一直被蒙古人沿用。

　　成吉思汗建國之後命令失吉忽禿忽著手制定青冊,這是蒙古族正式頒布成文法的開端。但蒙古族的第一部成文法《札撒大典》卻是十幾年之後,在西征花剌子模之前制定的。

　　據《史集》記載,西元 1219 年,「成吉思汗高舉征服世界的旗幟出征花剌子模」,臨出師前,「他召集了會議,舉行了忽里勒臺,在他們中間對自己的領導規則、律令和古代習慣重新做了規定」,這就是所謂〈札撒大典〉。

　　在蒙古社會中,大汗、合罕是最高統治者,享有至高無上的權威,大汗的言論、命令就是法律,成吉思汗頒布的「大札撒」記錄的就是成吉思汗的命令。成吉思汗的「訓言」,

也被稱為「大法令」。

　　成吉思汗及其子孫建立的蒙古汗國橫跨歐亞兩洲，當時世界上的各種宗教在其統治的範圍之內幾乎應有盡有。成吉思汗採用了較為開明的宗教政策，不強迫被征服者改信蒙古人的宗教，而是宣布信教自由，允許各個教派存在，而且允許蒙古人自由參加各種教派，對教徒基本上免除賦稅和徭役。

　　成吉思汗實行這一政策，在一定程度上減少了被征服者的反抗，對蒙古貴族的得天下和治天下都曾發揮過不小的作用。

　　總而言之，在蒙古國建立以後，成吉思汗致力於國家的鞏固和擴張，在政治、軍事、法律、文字等方面取得了歷史性的建樹。成吉思汗以其軍事家的雄才大略，為後來的繼承者結束自唐「安史之亂」以來形成的割據分裂局面，建立統一的大元王朝，並使蒙古民族自立於天下民族之林，奠定了堅實的基礎。

　　當成吉思汗於西元1227年病逝後，人們就按照當時的習俗實行了祕葬。蒙古人為了紀念自己最傑出的領袖，就在漠北高原建立了成吉思汗陵寢「八白室」，即八座可以移動的白色蒙古包，收整合吉思汗遺物供奉在「八白室」的靈柩內。

當成吉思汗八白室建立的那天起，奉祀之神就有了祭祀的儀式，這些祭祀儀式來源於薩滿教。信仰薩滿教的古代蒙古人崇拜蒼天、崇拜天體，崇拜祖先，常常舉行祭天、祭祖儀式。成吉思汗當年用九十九匹白騍馬乳汁祭天，也是來自蒙古族所信仰的薩滿教的習俗。

基於原始薩滿教的成吉思汗祭奠，具有諸多的祭文、祭詞、祝詞、祭歌等。這些祭詞，以詩歌文體形成，並以口頭文學形式代代相傳，具有相當高的文學水準。

成吉思汗祭奠祭詞，在歷史的變遷中不斷進行修訂，不斷增加新的內容，使祭奠祭詞從內容到形式不斷豐富和完善，成為蒙古民族珍貴的文化遺產。

成吉思汗祭奠祭詞，一開始以口頭文學形式出現。在西元1282年的時候，元朝皇帝忽必烈，欽定成吉思汗四時大典，規範祭祀程序，委派祭祀官臣，在原有的基礎上，組織人員編寫祭奠祭詞，使成吉思汗祭奠祭詞成為元朝宮廷文獻。

後來，在北元巴圖孟克達延汗、博碩克圖濟農、額璘臣濟農時期，分別對成吉思汗祭奠祭詞進行校勘、修訂。在清朝康熙、乾隆和光緒時期，曾四次分別對成吉思汗祭奠祭詞進行了校勘和修訂。

成吉思汗祭奠祭詞，主要對成吉思汗及其夫人，以及對成吉思汗子弟、功臣等表示祭祀，讚頌他們的豐功偉業，以美好吉祥的語言為他們祝福。並祈禱聖主為百姓賜給美好的生活。

成吉思汗祭奠祭詞，主要由祭文、祝頌詞、祝福詞、祝禱詞、福分詞、祭歌等組成。這些祭詞內容豐富、形式多樣，內涵深刻。

其內容涵蓋了蒙古民族古老、原始的歷史、文化、風俗、禮儀、觀念、信仰、語言、文字、法律等諸多方面；其形式涉及了古老的蒙古民族牲祭、火祭、奶祭、酒祭、歌祭等。在成吉思汗祭奠中應用的祭詞，有五十多部，長達近五千行，形成豐富多彩的長篇韻文，成為蒙古民族珍貴的歷史文獻。

在成吉思汗祭奠祭詞中祭文是最主要的，祭文主要是讚頌成吉思汗及其黃金家族以及有功之臣的豐功偉業，並表達對他們的祭祀之情。祭文分「大祭文」，「小祭文」和「普通祭文」等幾種。

如大祭文中有《金殿香火（灶）大祭文》，《成吉思汗大祭文》等，小祭文中有《金殿香火（灶）小祭文》、《金殿小祭文》等，普通祭文中有《成吉思汗哈日蘇勒德祭文》、《弓箭祭文》等。其《成吉思汗小祭文》的開頭一段為：

受上天之命而誕生，集天驕大名於一身，奪得天下國家之權，長生天驕子成吉思汗，蒼天之根源，計謀之遠大，天生之智慧，不衰之政權⋯⋯

成吉思汗祭奠祭詞中，祝頌和祝福占重要地位。蒙古民族自很早以來遇成家立業等重要事情時，總是由長輩念誦祝頌詞，祝福美好的未來。有時還用鮮奶抹畫，並進行祝頌。其只念誦祝頌詞，稱「祝頌」，抹畫並祝頌，稱「祝福」。

成吉思汗祭奠祭詞中的祝頌有〈殿內祝頌〉、〈殿外祝頌〉、〈巴圖吉勒祝頌〉、〈珠太祝頌〉、〈牲羊祝頌〉等。祝福有〈成吉思汗呼圖克祝福詞〉、《成吉思汗宮帳祝福詞》等。

這些祝頌和祝福詞，包括讚頌成吉思汗，祝福大地平安，人們永遠過上安康生活等內容。祝頌也有像〈九十九匹白騾馬乳汁祭灑祝頌〉等祭祀蒼天，以向蒼天祈禱為內容的祝頌詞。

成吉思汗祭奠祭詞中有〈成吉思汗大圖格勒〉祭詞，「圖格勒」意為「分福分」。在祭奠時所敬獻的聖酒、全羊等祭品，最後要分給參加祭祀的人員，表示分享成吉思汗的「福分」。〈成吉思汗大圖格勒〉中列了諸多功臣、部落首領的名字，讚頌他們的功績，由他們的後代得到應得的「福分」。

在成吉思汗祭奠中都有祈禱儀式，並在隨時舉行的奉祭

中也有祈禱儀式。舉行祈禱儀式時，分別念誦聖主和蘇勒德〈哈達祝禱詞〉、〈神燈祝禱詞〉、〈全羊祝禱詞〉以及〈聖酒祝禱詞〉。這些祝禱詞，也是成吉思汗祭奠祭詞的組成部分。

成吉思汗祭奠祭詞，是成吉思汗祭奠的核心，是成吉思汗祭祀文化形成的主體。也是成吉思汗祭祀能夠世代相傳的載體。有了內容豐富的祭詞，八白室的祭奠才能完整地保留至今。成吉思汗祭奠祭詞，大體可分聖主祭詞、蘇勒德祭詞和其他祭詞等幾個部分。

成吉思汗祭奠中還有祭歌，這是蒙古民族從古以來在典禮、祭祀專科門獻樂、獻歌的「歌祭」習俗，在成吉思汗祭奠中的展現。在成吉思汗祭奠中所唱的歌，是蒙古王朝專門為祭奠所創作的祭歌。這些祭歌是伴隨查爾給的打擊聲唱的，因此稱「查爾給之歌」。

成吉思汗這組祭歌由〈大蒙古〉等十二首歌組成，其中除〈大歌〉用蒙古語讚頌成吉思汗之外，其他歌的歌詞與現代蒙古語完全不同，是用古代蒙古語言唱的，守靈人稱之為「蒼天語言」，所以這些祭歌也稱「天歌」。

在成吉思汗祭奠中舉行敬獻聖酒儀式時，由達爾扈特洪晉亞門特邊敲擊查爾給，邊誦唱祭歌。成吉思汗這一組祭奠祭歌，據《金冊》記載，以〈大蒙古〉（大番）、〈召木爾蘇〉、

〈德爾特〉、〈烏其肯〉、〈哈畢爾嘎〉、〈貴呼〉、〈札嘎拉〉、〈哲伯〉、〈希日札拉〉、〈浩爾浩勒吉〉、〈哲爾格〉、〈額德呼〉(〈大歌〉)等十二首組成。

還有些資料中記載為〈大蒙古〉、〈小蒙古〉、〈阿珠渾〉、〈維畢利亞〉、〈阿拉勒沃〉、〈維林珠貴〉、〈尼堯魯〉、〈輝〉、〈哲伯〉、〈哲爾格〉、〈希日吉勒〉、〈珠木爾蘇〉等12首。

成吉思汗祭歌是一種情感的表達，誦唱者將崇拜、緬懷、信任、自豪等情感，溶入祭歌中，充分表達其內心的情感，將成吉思汗祭奠推向高潮。據史書記載，成吉思汗的各種祭奠活動每年要進行30多次，而這些祭奠都有不同的時間、方式和祭品。

過去，由於受逐水草而居的游牧生活所限，加之由於成吉思汗陵是經常流動的，所以每逢祭奠，被稱之為成吉思汗親兵衛隊的達爾扈特人，就會把靈包請到高大的楠木靈車上，由傳說是成吉思汗的兩匹駿馬的後代，即全身沒有一根雜毛的銀白色馬拉到祭奠之處，擺上供品，並由祝頌人以高亢頓挫的聲調，頌揚成吉思汗的功績。

後來，為了便於祭奠，徵得達爾扈特人的同意，將分散在各旗的成吉思汗畫像、蘇力德、寶劍、馬鞍等物集中到成吉思汗陵所在地，並且把各種祭奠活動適當集中，分別在每

年的農曆3月21日、5月15日、8月12日和10月初三共進行4次。

每到這一天，眾多的拜謁者懷著虔誠的心情，不辭辛苦跋涉而來，站在這位傳奇人物高大雕像前，獻上潔白的哈達，明亮的煉燭，芬芳的香炷，肥壯的整羊，鮮美的牛羊奶，乳黃的酥油，芳醇的馬奶酒等最聖潔的祭品。整個祭奠過程由達爾扈待人主持進行。

傳統的祭奠儀式是祭奠者先到牆外正南百步遠的「金柱」，蒙古語稱「阿拉騰嘎都蘇」處繞柱三圈，每日必得99人方止，又到距柱80步處向外首灑奶。

繞柱後，再繞旁系的大白馬及馬駒；亦用小木勺舀奶酒揚。繞馬後，再由守陵人員把奶盛在銀碗中扣於馬背，馬受驚騰躍，碗落方止，碗落地後如仍扣著，則要重來。繞柱、繞馬結束後，即開始獻酒。

獻酒人跪於殿外，由陵戶從獻酒人壺中將酒倒入二酒盅裡，獻酒人用長方盤捧入陵殿、由陵戶接過酒盤置於羊肉上，獻酒人行禮後退出跪於原處。殿外另一陵戶取酒盤，只聽進殿時口中喊：「哦！哦！哦！」將酒取出。倒入一在盅中，再換新酒送給獻酒人捧入。

獻酒時，殿外有兩個老陵戶念詞，這些詞無文字記載，

也沒有人能夠「破譯」，因而被稱之為「天語」。獻酒畢，進殿跪於祭案前氈上，再獻哈達、獻燈、獻羊、獻香，獻時長跪。

獻畢，每人投一塊羊尾肉入案前火盆中，投時仍念祝詞，有的甚至投二次肉。接著就是燒哈達碎片，用大銀盃輪流跪飲燒酒，並跪食羊肉一小塊。整個祭奠過程共用兩小時之多。

在蒙古民間，普通的人們更多的是把成吉思汗視為祖先、神靈，祈求保佑，而隨時舉行的祭祀，有人正月到十二月，每月都有固定日期祭典的月祭。有元世祖忽必烈欽定的四時祭，即四季之祭，也就是春天的馬奶祭，夏天的淖爾祭，秋天的禁奶祭和冬天的皮要祭。

在舉行盛大的祭典時，有九九八十一隻羊背子，有三九十七樽白酒等。「大典」要由鄂爾多斯部的濟農主祭，由各旗札薩克陪祭。而當守陵人中一人帶頭高誦〈伊金桑〉祭詞盛大的祭典便正式開始，隨之燃起香柏，焚燒了整個世界的邪惡。

在這種環境裡，能使所有參祭的人們，都彷彿置身於先祖所在的時代，似乎感受到了遠古社會那種撲朔迷離的時代氣息。

誦畢〈伊金桑〉，司祭者用一根木叉叉起一塊大的羊尾，湊近火撐上烤炙，眼見到旺盛的火苗燎到了肥尾的時候，司祭者又誦起〈祭灶詞〉。

念畢〈祭灶詞〉，再用叉著的羊尾，去塗抹火撐的三條腿兒。接著再把聖酒向水中撥灑三次，眾人把分到的一小塊羊尾與針茅、榆木片等一起投入火中，這通常是成吉思汗祭祀中的祭灶儀式。

祭灶之後，主祭、陪祭和所有參祭者依次虔誠地跪在紅色的地毯上，雙手舉起來，托著長長的哈達，一名守陵人，站出來念祝頌詞。

獻完哈達，再獻酥油燈，高誦各種祭詞，對成吉思汗和他的四個弟弟，四個兒子以及跟隨他戎馬一生的、諸多的著名將領進行一番至高至上的讚揚手，另外的守陵人，抬著銀製的五叉盤，把盤中擺好的羊背子，朝著成吉思汗的靈柩獻上，同時，又念頌一首優美動聽的祝禱詞。

接下來，守陵人拉起馬頭琴，敲起馬頭板，高聲唱起了馬頭板歌。這時，伴隨古老悠長、悽悽呼喚、謎一般無法理解的十二支馬頭板歌聲，濟農札薩克們，都畢敬畢恭地向自己的嫡系祖先，獻上聖潔的酒。

最後由眾人唱一首「大歌」，吟誦一遍「伊克烏其克」，便

開始分享祭典成潔思汗的有福分的羊背子了。至此，一個程序複雜、規則明確的祭典活動宣告結束。無數的牧人，踏著牧歌，迎著火紅的晚霞，一路喜悅地縱馬奔向草原深處。

值得一提的是，達爾扈特是成吉思汗陵守靈部落，他們世代祭祀成吉思汗，使成吉思汗祭祀完全保留著蒙古帝王祭祀儀式的原貌，成為形式獨特、內容豐富、內涵深刻的民族文化遺產。成吉思汗祭祀凝結著蒙古族人民的民族情感，是蒙古族文化綿延的見證，保護好這項活動對保持蒙古族文化的獨特性具有重要意義。

成吉思汗是蒙古族的祖先，是牧人們心中的神靈。所以，成吉思汗陵祭典活動保留了700多年而長盛不衰。成吉思汗祭祀主要是表達對長生天、祖先、英雄人物的崇拜，祭奠中再現了古老的蒙古民族牲祭、火祭、奶祭、酒祭、歌祭等形式，諸多富有特色的珍貴祭器則表現了草原民族對大自然的審美藝術。

成吉思汗祭祀，彙集和保留了蒙古族古老而崇高的祭祀方式，其祭祀中的一言一行、一舉一動都已成為領略古代蒙古族習俗的形象化的資料，並且是蒙古族古代歷史文化中，最珍貴最難得的一份遺產。

【旁註】

時辰：中國古代把一天劃分為十二個時辰，每個時辰相當於現在的兩小時。相傳古人根據中國十二生肖中的動物的出沒時間來命名各個時辰，分別為子時、丑時、寅時、卯時、辰時、巳時、午時、未時、申時、酉時、戌時、亥時。

太陽汗：乃蠻部建立的乃蠻汗國的國王，為人驕縱狂恣。在蒙古人興起以前，乃蠻部已很強大，已建立起國家機構，並擁有精良善戰的軍隊，經常和克烈部發生戰爭，後來，強大的乃蠻被徹底消滅，太陽汗戰死，大部分乃蠻人跟隨其子屈出律西遷至他處。

八思巴（西元1239年～西元1280年）：藏傳佛教薩迦派第五代祖師，吐蕃薩斯迦人。本名羅古羅思監藏，八思巴意為「聖者」是尊稱。蒙哥汗三年，忽必烈從受佛戒。中統元年，世祖即位，尊為國師，使統天下佛教徒。至元元年，使領總制院事，統轄藏區事務。六年，製成蒙古新字，加號大寶法王。

蒙古包：蒙古族牧民居住的一種房子。建造和搬遷都很方便，適於牧業生產和游牧生活。蒙古包看起來外形雖小，但包內使用面積卻很大，而且室內空氣流通，採光條件好，冬暖夏涼，不怕風吹雨打，非常適合於經常轉場放牧民族居

住和使用。

薩滿教：在原始信仰基礎上發展起來的一種民間信仰活動，流傳於中國東北到西北邊疆地區使用阿爾泰語系的滿——通古斯、蒙古、突厥語族的許多民族中，因為通古斯語稱巫師為薩滿，故得此稱謂。薩滿曾被認為有控制天氣、預言、解夢、占星以及旅行到天堂或者地獄的能力。

忽必烈（西元 1215 年～西元 1294 年）：即孛兒只斤‧忽必烈，蒙古族，元朝的建立者，監國拖雷第四子，憲宗蒙哥之弟。他在位期間，建立行省制，加強中央集權，使得社會經濟逐漸恢復和發展。和其祖父成吉思汗一樣，忽必烈是蒙古民族光輝歷史的締造者，是蒙古族卓越的政治家、軍事家，在位 35 年。

韻文：講究格律，甚至大多數要使用同韻母的字作句子結尾，以求押韻的文體或文章，與散文相對，如詩、賦、詞、曲和有韻的頌、讚、箴、銘、哀、誄等。

蘇勒德：漢語稱大纛，它象徵著長生天賜予成吉思汗的佑助事業成功的神物，是成吉思汗統率的蒙古軍隊的戰旗，蒙古民族的守護神，戰無不勝的象徵。蘇勒德是一個有形的聖物，是一柄類似於古代兵器的矛狀物，矛身底座的盔部形成一個圓盤，盤沿一周有 81 個穿孔，綁紮著馬鬃作為垂纓，

然後固定在松柏桿上沖天而立於石頭龜座之上，顯示著神聖的威嚴之勢。

蒙古語：古老的民族語言之一，蒙古語屬於黏著語，蒙古語在語音方面有嚴格的母音和諧律，即按照母音舌位前後或圓唇不圓唇進行和諧，如在一個詞裡，要麼都是後母音，要麼都是中母音。但是前母音與後母音或中母音均可出現在同一個詞裡。

達爾扈特人：蒙古族專科門為成吉思汗守陵的部落。達爾扈特是蒙古語，翻譯過來的意思是「擔負神聖使命的人」。達爾扈特的男人，一生只能做有關守衛成陵和祭祀的事情。父親教給兒子關於祭祀和管理的各種儀式和方法，學會《伊金頌》、《蘇勒定頌》、《窩奇特經》。這是他們的專門事業，這項事業代代相傳。

哈達：蒙古人民藏族人作為禮儀用的絲織品，是社交活動中的必備品，哈達類似於古代漢族的禮帛。蒙古族人和藏族人表示敬意和祝賀用的長條絲巾或紗巾，多為白色，藍色，也有黃色等。此外，還有五彩哈達，顏色為藍、白、黃、綠、紅，是最珍貴的禮物。所以，五彩哈達只在特定的情況下才用的。

祝詞：也稱作祝辭，它泛指在各種喜慶場合中對事情表

示祝賀的言辭或文章。一般是在婚嫁喬遷、升學參軍、延年長壽、房屋落成等喜事中使用。祝詞和賀詞在某種場合可以互用。

鄂爾多斯部：原為來自大蒙古國的各萬戶、千戶，也就是各萬戶、千戶長選派的對成吉思汗最忠誠的人員組成的鄂爾多衛護部隊。這支精銳衛隊的後裔，在幾百年的歷史中世世代代繼承了祖先的職業，一直聚集在成吉思汗奉祀之神周圍，形成了守護諸多宮殿的部落，被稱為鄂爾多斯人。

馬頭琴：中國蒙古族民間拉絃樂器。蒙古語稱「綽爾」。琴身木製，長約一公尺，有兩根弦。共鳴箱呈梯形。聲音圓潤，低迴宛轉，音量較弱。相傳有一牧人懷念死去的小馬，取其腿骨為柱，頭骨為筒，尾毛為弓弦，製成二絃琴，並按小馬的模樣雕刻了一個馬頭裝在琴柄的頂部，因而得名。

【閱讀連結】

成吉思汗本名鐵木真。這個名字有個來歷。相傳鐵木真的父親也速該，在討伐塔塔兒部落時，陣前活捉敵方戰將鐵木真。班師途中老婆生了兒子：嬰兒手握血團，其色如肝，其堅如石，說是吉祥之兆。也速該見兒子雙目炯炯，奇偉異常。便道：「我出征擒住個鐵木真，乃生平快事。此兒不妨就取名鐵木真吧，留作紀念。」

緬懷千載—先賢英雄祭典

感天謝地 —— 天地大海祭典

中國古代的儒家文化，是很敬重「天地」的。在中國的普通老百姓家中，一般在中堂都供奉有「天地君親師」的牌位，「天地」牌位在「君」的牌位前面。即使是「君主」也要拜祭天地，以求國泰民安，從而形成了古代帝皇拜祭天地的儀式。

中國古代以天為至上之神，主宰一切，以地配天，化育萬物。祭祀天地有順服天意、感謝造化之意。由於在當時的社會中，君王是國家的象徵，所以祭祀君王也有祈求國泰民安之意。

除此之外，在民間較為隆重的還有沿海百姓對於海神的祭拜，以祈求風調雨順和海上平安，這些都構成了豐富的天地祭祀文化。

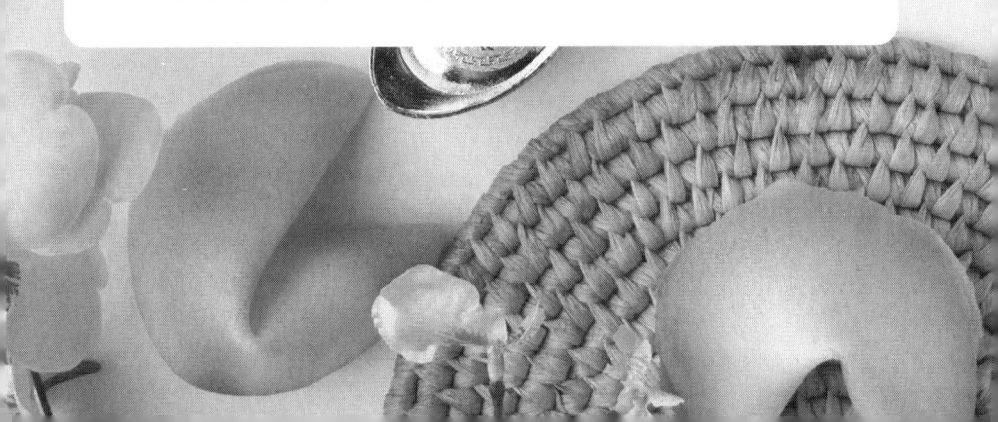

人與天交流的祭天活動

堯帝傳位給舜時，在帝位交接的那一天，舉行了莊嚴而隆重的禪讓大典。堯對舜說道：

諮！爾舜！天之曆數在爾躬。允執其中。四海困窮，天祿永終。

意思是說：嗨！你，舜！上天安排的使命落在你的身上。你要真誠地掌握正確的原則。如果天下政治混亂、百姓貧困，上天給你的祿位就永遠完結了。

這一句話表明，堯已經將上天的神聖使命託付給了舜，並告誡舜，要忠於這份神聖的使命，強調舜對天下人的重大責任。

從此，華夏民族就有了「敬天法祖」的信仰。在華夏先民眼中，天地哺育眾生，是最高的神。天的人格化稱呼，是「昊天上帝」。

傳說中的伏羲氏、神農氏、炎帝、黃帝、顓頊、帝嚳、堯、舜、禹、湯、周成王都曾經去泰山祭天封禪，先秦就有

人與天交流的祭天活動

72位祖先君王去泰山祭天。

祭天儀式是人與天的交流形式，歷代王朝都由天子來親自主持祭天儀式，祭天的祭壇一般為圓形，稱為「圜丘」，寓意天圓地方。在儀式上須誦讀祭文、奏雅樂，並焚燒祭品，以表示人們把自己的工作成果貢獻給天，作為對天滋潤萬物的一種報答。

周代祭天的正祭是每年冬至之日在國都南郊圜丘舉行。「圜丘祀天」與「方丘祭地」，都在郊外，所以也稱為「郊祀」。圜丘是一座圓形的祭壇，古人認為天圓地方，圓形正是天的形象，圜同圓。

在祭祀之前，天子與百官都要齋戒並省視獻神的犧牲和祭器。祭祀之日，天子率百官清早來到郊外。天子身穿大裘，內著袞服，是一種飾有日月星辰及山、龍等紋飾圖案的禮服，頭戴前後垂有十二旒的冕，腰間插大圭，手持鎮圭，面向西方立於圜丘東南側。

這時鼓樂齊鳴，報知天帝降臨享祭。接著天子象徵性地牽過牛羊作為獻給天帝的犧牲，再交給侍者。這些犧牲隨同玉璧、玉圭、繒帛等祭品被放在柴堆上，由天子點燃積柴，讓煙火高高地升騰於天，寓意上聞於天。這就是燔燎，也叫「禋祀」。

隨後在樂聲中迎接「天帝」登上圜丘，「天帝」由一人扮飾，作為天帝化身，代表天帝接受祭享。當「天帝」就座後，面前陳放玉璧、鼎、簋等各種盛放祭品的禮器。

這時先向「天帝」獻犧牲的鮮血，再依次進獻五種不同品質的酒，稱作五齊。前兩次獻酒後要進獻全牲、大羹、鉶羹等。第四次獻酒後，進獻黍稷飲食。薦獻後，「天帝」用三種酒答謝祭獻者，稱為酢。

飲畢，天子與舞隊同舞〈雲門〉之舞，相傳那是黃帝時的樂舞。最後，祭祀者還要分享祭祀所用的酒醴，由「天帝」賜福於天子等，稱為「嘏」，後世也叫「飲福」。天子還把祭祀用的牲肉贈給宗室臣下，稱「賜胙」。後代的祭天禮多依周禮制定，但以神主或神位牌代替了「天帝」。

周朝之後，特別是漢代起儒家思想占據統治地位後，歷代王朝皆尊崇周禮，因此祭天儀式也基本按照周代的方式進行。不過隨著社會的發展，在流程、器物等方面仍有增減。

秦皇嬴政是秦朝的開國皇帝，他統一六國後，效法傳說中上古帝王的祭天活動，於始皇帝28年，即西元前219年，率群臣自咸陽東巡郡縣，然後登泰山舉行祭天封禪大典。秦始皇此舉，開啟了皇帝登泰山祭天的先河。

後來，他的兒子秦二世也效仿，登泰山封禪祭天。在

秦代有三年一郊之禮。秦以冬十月為歲首，郊祀就在十月舉行。

漢高祖劉邦祭祀天地都由祠官負責，武帝初，行三年一郊之禮，即第一年祭天，第二年祭地，第三年祭五時，每三年輪一遍。

西元前 32 年，漢成帝劉驁在長安城外昆明故渠之南建圜丘，並在翌年春的正月上辛日進行祭天，同時祭五方上帝，這是漢代南郊祭天之始。後漢在洛陽城南建圜丘，圜丘內祭壇分上下兩層，上層為天地之位，下層分設五帝之位，壇外有兩重圍牆，叫做「壝」。

五胡亂華之後，華夏文明受到了一定程度的衝擊，郊祀制度也受到一些影響。中國北方一些少數民族建立的政權祭天雖然採用漢制，但常有民族傳統禮儀融入其中。

南北朝時梁代南北郊祭天地社稷、宗廟，都不用犧牲，而用果蔬。從南齊開始，圜丘壇外建造屋宇，作為更衣、憩息之所。舊制全用臨時性的帷帳，南齊武帝永明二年，也就是 483 年的時候才開始用瓦屋。

唐代祭天禮除了延續前代禮儀之外，皇后也開始參加，顯示了唐代女性地位的提升。

宋代圜丘合祀天地後，要在皇城門樓上舉行特赦儀式，

赦免囚徒。次日，還要到景靈宮祖宗神像前行「恭謝禮」。

西元1377年，明太祖朱元璋改變圜丘禮制，定每年孟春正月合祀天地於南郊，建大祀殿，以圓形大屋覆蓋祭壇。明成祖朱棣遷都紫禁城之後，在正陽門南按南京規制營建大祀殿，於西元1420年建成，合祀天地。

到了清代，康熙皇帝改變天地合祀制度，在大祀殿之南另建圜丘。至此，祭天典禮已發展至最完善時期。據史料記載，明清兩朝每年冬至日的圜丘祭天，是古代郊祀最主要的形式之一，禮儀極其隆重與繁複。

根據記載，每當祭日來臨之前，必須進行大量的準備工作，不管耗費多少人力物力，亦在所不惜。如對天壇內各種建築及其設施，進行全面的大修葺。修整從紫禁城至天壇皇帝祭天經過的各條街道，使之面貌一新。

舉行祭祀的前五天，皇帝會派一位親王到犧牲所檢視為祭天而準備的牲畜。祭祀前三日，皇帝開始進行齋戒。祭祀前要書寫好祝版上的祝文。

到了祭祀前一日要宰好牲畜，並製作好祭品，整理神庫祭器。皇帝閱祝版，至皇穹宇上香，到圜丘壇看神位，去神庫視邊豆、神廚視牲，然後回到齋宮齋戒。

祭祀日的前夜，由太常寺卿率部下安排好神牌位、供

人與天交流的祭天活動

器、祭品。樂部就緒樂隊陳設，最後由禮部侍郎進行全面檢查。

祭位的設定也有嚴格的規定，圜丘壇專門用於祭天，臺上不建房屋，對空而祭，稱為「露祭」。祭天陳設講究，祭品豐富，規矩嚴明。

在圜丘壇共設七組神位，每組神位都用天青緞子搭成臨時的神幄。上層圓心石北側正面設主位，也就是皇天上帝神牌位，其神幄呈多邊圓錐形。

第二層壇面的東西兩側為從位，日月星辰和雲雨風雷牌位。神位前擺列著玉、帛以及整牛、整羊、整豕和酒、果、菜餚等大量供品。單是盛放祭品的器皿和所用的各種禮器，就多達七百餘件。上層圓心石南側設祝案，皇帝的拜位設於上、中兩層平臺的正南方。

圜丘壇正南臺階下東西兩側，陳設著編磬、編鐘、鎛鐘等十六種，六十多件樂器組成的中和韶樂，排列整齊，肅穆壯觀。

祭天的時辰為日出前七刻，時辰一到，齋宮鳴太和鐘，皇帝起駕至圜丘壇，鐘聲止，鼓樂聲起，大典正式開始。此時，圜丘壇東南燔牛犢，西南懸天燈，煙雲飄渺，燭影劇院搖紅，給予人一種非常神祕的感覺。

149

感天謝地—天地大海祭典

祭典開始以後,第一項就是迎帝神,皇帝從昭享門外東南側具服臺更換祭服後,便從左門進入圜丘壇,至中層平臺拜位。此時燔柴爐,迎帝神,樂奏「始平之章」。

皇帝至上層皇天上帝神牌主位前跪拜,上香,然後到列祖列宗配位前上香,叩拜。回拜位,對諸神行三跪九拜禮。

接著奠玉帛,皇帝到主位、配位前奠玉帛,樂奏「景平之章」,回拜位。皇帝到主位、配位前進俎,樂奏「咸平之章」,回拜位。皇帝到主位前跪獻爵,回拜位,樂奏「奉平之章」,舞「干戚之舞」。然後司祝跪讀祝文,樂暫止。讀畢樂起,皇帝行三跪九拜禮,並到配位前獻爵。

行亞獻禮就是皇帝為諸神位獻爵,同時奏「嘉平之章」,舞「羽籥之舞」,再回拜位。

行終獻禮為皇帝為諸神位依次獻爵,奏「永平之章」、舞「羽籥之舞」。光祿寺卿奉福胙,進至上帝位前拱舉。皇帝至飲福受胙拜位,跪受福、受胙、三拜、回拜位,行三跪九拜禮。

撤饌是需要奏「熙平之章」,送帝神時皇帝行三跪九拜禮,奏「清平之章」。祭品送燎爐焚燒,皇帝至望燎位,奏「太平之章」。望燎是皇帝觀看焚燒祭品,奏「佑平之章」,起駕返宮,大典自此結束。

人與天交流的祭天活動

祭天大典是皇帝展現「君權神授」思想，顯示「天子」神聖權威的活動，為了達到其宣揚神權以維護皇權的目的，要求安排祭天事務的人員，不得有任何差錯，否則要予嚴懲。如在《大清律》中明文規定：

> 每逢祭祀，於陳祭器之後，即令御史會同太常寺官遍行巡查，凡陪祀執事各官，如有在壇廟內涕唾、咳嗽、談笑、喧譁者，無論宗室、覺羅、大臣、官員，即指名題參。

在中國漫長的歷史過程中，除了帝王有祭天習俗外，少數民族中也有祭天的儀式，納西族的祭天儀式就非常有特點。

在納西語中祭天叫「孟本」，是麗江、中甸等地納西族古老而又最隆重的節慶。民間流傳「納西祭天人」和「納西祭天大」的俗語，充分表明了祭天在納西民族心目中的重要位置。

納西族祭天有春祭和秋祭兩種，其中春祭又稱為大祭，在春節期間進行，是春節活動的主要內容。秋祭在七月中旬舉行，因而也叫七月祭天。

元代人李京在《雲南志略》記載了納西族祭天的習俗：

> 正月登山祭天，極嚴潔。

元明清的漢文史書中也記載了關於納西族祭天的習俗，其中有一套完整的祭天規程和繁雜的儀式，說明納西族祭天歷史的久遠。

納西族祭天的場所，一般是在離村不遠風景優美的地方，用石頭圍砌成方形或長方形的場地，內有祭臺。講究點的祭天場還有內場和外場，周圍栽培高大的常青樹，風景優美，能容納幾十到一二百人。

在同一個祭天場祭天的人叫「祭天群」，一般是由住在一個村的家族中的幾房人組成。每個家族和親近家族的祭天群都有自己的名稱。以前，納西族的祭天群有「浦都」，「故序」，「故在」，「故上」，「阿雨」等名稱。

雜居在各地不同名號的祭天群，都與古代納西人的不同氏族或部落有淵源關係。大的祭天群有數十戶，小的十來戶。其中，浦都的祭天群數和人口最多，祭天需要的時間最長，儀式也相當複雜完備。不同祭天群的祭天時間有先有後，但都在正月十五日前舉行。

在納西族中，祭天也同樣有一套複雜的程序，尤其忌諱「穢氣」，所有成員和用於祭祀的物品都必須通過嚴格的「除穢儀式」。

為了保持祭天族群的純潔性和神聖性，祭天場內只能使用納西族的語言，並禁止外人進入祭天場，凡是新增加的成員，包括新出生的嬰兒、新嫁來的媳婦和新上門的女婿，都必須向所有的成員贈送禮品後，才被容納為本祭天族群的正式成員。

人與天交流的祭天活動

祭天時使用的一切器物，都要求潔淨和專用。如祭臺上左右各栽一棵慄樹代表天父天母和天與地，中間一棵柏樹代表人皇，還有前排的兩棵小慄樹代表納西族始祖崇仁利恩夫婦，這些樹都是派專人到深山密林中挖來的，並且都要栽植在固定的位置。

祭天用的米叫「神米」，神米要挑顆粒整齊的，必須經過多次洗晒，量祭天米的小升和裝米的竹簍，平時要掛在高處，使用前後都要洗刷乾淨。

祭天用的「神豬」，一般為兩頭，有兩家輪流餵養，要保證大豬上百斤，小豬八九十斤。再如，粗如茶杯，長丈餘的大香，必須在秋季就準備好材料，使用前專門碾製，並分節貼上彩色紙花穗，使其能夠燃燒一晝夜不熄。

其他用具，如大甑子，鍋，秤，刀，鉤，叉，盆等，屬祭天群所有。平時由各戶保管，禁止隨便使用。

納西族祭天活動的另一項重要內容，是舉行射箭打靶儀式，村民集中於靶場，射箭者必須是男子，先由東巴祭司念誓詞，眾人不斷高呼「當……咚」（射中），氣氛極為緊張而熱烈，反映了古代部落社會尚武的歷史傳統。祭天期間，各村都立有鞦韆架盪鞦韆，有些村落還跳犛牛舞、獅子舞、白鶴舞和麒麟舞，熱鬧異常。

納西族祭天儀式的「天」之內涵，根據對祭天時的三棵樹的象徵意義的理解，其內涵包括天地、自然和人類祖先。祭天的目的在於加強群體凝聚力，加強與天界的連繫，歌頌祖先以求保佑，以及禳災祈福，人與自然的和諧等。

總之，祭天是華夏各民族最隆重、最莊嚴的祭祀儀式，起源於上古時期。是人與天的「交流」形式。祭天儀式通常由「天子」主持。透過祭天來表達人們對於天滋潤、哺育萬物的感恩之情，並祈求皇天上帝保佑華夏子民。

【旁註】

敬天法祖：周禮的核心信仰和高度概括，天就是天神、上帝，祖就是宗廟的祖先神。天神稱祀，宗廟稱享，祭祀天神稱為外事，祭祀宗廟稱為內事。敬天法祖既是道教教義之一，也是中國古代社會的主要信仰。

鎮圭：古代舉行朝儀時天子所執的玉製禮器。長一尺有二。以四鎮之山為雕飾，取安定四方之義，故稱。《周禮・春官・大宗伯》：「以玉作六瑞，以等邦國。王執鎮圭。」

儒家：又稱儒學、儒家學說，是中國古代最有影響的學派。作為華夏固有價值系統的一種表現的儒家，並非通常意義上的學術或學派，它是中華法系的法理基礎，對中國以及

東方文明發生過重大影響並一直持續的意識形態。儒家最初指的是冠婚喪祭時的司儀,自春秋起指由孔子創立的後來逐步發展以仁為核心的思想體系。

齊武帝(西元 440 年～西元 493 年):蕭賾字宣遠,小名龍兒,齊高帝蕭道成長子,母昭皇后劉智容,南北朝時期齊朝第二任皇帝,493 年齊武帝去世,終年 54 歲,廟號世祖,諡號為武皇帝,葬於景安陵。

明成祖(西元 1360 年～西元 1424 年):即朱棣,是明朝第三位皇帝,在位 22 年,年號永樂。西元 1421 年遷都北京,對強化明朝統治發揮了非常正面的作用。在位期間將由靖難之後的瘡痍局面發展至經濟繁榮、國力強盛的盛世,史稱「永樂盛世」,朱棣也被後世稱為「永樂大帝」。

親王:中國爵位制度中王爵的第一等,親王的正室為親王妃。漢朝開始,封皇子、皇帝兄弟為王。西晉開始,王爵分為親王、郡王兩等,親王專封皇子、皇帝兄弟。郡王初為皇太子之子的封號,後多用於分封節度使等武臣,文官也有受封郡王者。

牌位:又稱靈牌、靈位、神主、神位等,是指書寫逝者姓名、稱謂或書寫神仙、佛道、祖師、帝王的名號、封號、廟號等內容,以供人們祭奠的木牌。按照中國民間傳統習

俗，人逝世後其家人都要為其製作牌位，作為逝者靈魂離開肉體之後的安魂之所。牌位大小形制無定例，一般用木板製作，呈長方形，下設底座，便於立於桌安之上。

〈韶〉樂：史稱舜樂，起源於5,000多年前，為上古舜帝之樂，是一種集詩、樂、舞為一體的綜合古典藝術。〈韶〉樂是中國宮廷音樂中等級最高、運用最久的雅樂，由它所產生的思想道德典範和文化藝術形式，一直影響著中國的古代文明，〈韶〉樂因而被譽為「中華第一樂章」。

羽籥：古代祭祀或宴饗時舞者所持的舞具和樂器。羽，指雉羽。籥，一種編組多管樂器。《周禮·春官·籥師》：「祭祀，則鼓羽籥之舞。賓客饗食，則亦如之。」鄭玄注：「文舞有持羽吹籥者，所謂籥舞也。」

君權神授：君主專制制度的一種政治理論。認為皇帝的權力是神給的，具有天然的合理性，皇帝代表神在人間行使權力，管理人民。君權神授是封建君主專制制度的一種政治理論，夏代奴隸主已經開始假藉宗教進行統治。

納西族：中國的少數民族之一，由於納西語方言的差異，有納西、納、納日、納罕、納若等多種自稱，這些自稱在發音上有輕微差別，但基本族稱都是「納」，而西、恆、罕、日都是「人」的意思。

人與天交流的祭天活動

李京：字景山，號鳩巢，河間人。西元1301年由樞密宣慰烏蠻等地，曾擔任烏撒烏蒙道宣慰副使，佩虎符，兼管軍萬戶府。以疾歸，集其見聞撰《雲南志略》四卷。李京《志略》，為元明以來雲南志書之最早，為後世記述雲南事略所本。

崇仁利恩：納西族有一個《創世記》的傳說，《創世記》上說，人類誕生之初，由於人類不懂科學，亂了人倫，上天降了滔天的洪水來懲罰人類。納西族的崇仁利恩，幸有天神提前教給了皮鼓逃生之計才倖免於難。後來，天神還幫助他結緣天女襯紅保百，並幫助他們重建家園，所以後世的納西人把崇仁利恩夫婦當成他們的始祖。

【閱讀連結】

「天」是中華文化信仰體系的一個核心，狹義僅指與地相對的空間，按《隋書・禮儀》所載：「五時迎氣，皆是祭五行之人帝太皞之屬，非祭天也。天稱皇天，亦稱上帝，亦直稱帝。五行人帝亦得稱上帝，但不得稱天。」周朝以後的儒教繼承了周以前的中華宗教信仰傳統，因而歷代祭天延綿不絕。

春秋戰國之時，思想進步，人文理性精神勃發，季梁

曰：「夫民，神之主也，是以聖王先成民，而後致力於神。」神為人創，民為神主，則上古神祕觀念漸消，「皇天上帝」之概念漸被自然之「天」取代，天為道德民意之化身，這構成了後世中華文化信仰的一個基礎，而「敬天祭祖」是中國文化中最基本的信仰要素。

對土地崇拜的祭地活動

土地是繁衍我們生命的精魂，萬物滋生的泉源，人們對於土地的頂禮膜拜從未間斷，從遠古時期就已經有對土地的崇拜，大地生長五穀，養育萬物，猶如慈愛的母親，因此，古代有「父天而母地」的說法。

在中國的古文獻中記載土地神是「社」，祭禮叫「宜」。在殷商甲骨文裡已有對社土的祭祀，還有大量的祭祀山岳河流的紀錄，主要目的是祈求農作物的豐收。地神，稱為「地祇」，又作「地祇」。「社」，通常是主某一片土地之神。所以，《禮記·王制》有「天子祭天地，諸侯祭社稷」的說法。

另外，陰陽家認為，地中央曰崑崙，統轄四方大九州島；神州是九州島之一，下又分小九州島，即中國的九州島。

周代祭祀土地的祭日，是每年夏至之日在國都北郊水澤之中的方丘上舉行。水澤，即以水環繞，方丘，指方形祭壇，古人認為地屬陰而靜，本為方形。水澤、方丘，象徵四海環繞大地。

祭地禮儀與祭天大致相近，但不用燔燎而用瘞埋，即祭

後挖坎穴將犧牲等祭品埋入土中。祭地用的犧牲取黝黑之色，用玉為黃琮，黃色象徵土，琮為方形象地。為了祭祀地神，求得保佑與恩賜，人們修建各種場所供奉、祭祀地神。

祭地禮儀還有四望山川，望祭天下名山大川之神。同一山川，至其地而祭之，直呼為祭，遠望而祭之，則名曰「望」。此外，還有祭祀土神、穀神、社稷等習俗。

後來，根據「萬物有靈」的原始思維以及由此產生的自然崇拜，被統治者接受並加以改造，其中充分融合儒家「敬天法祖」的思想，形成在特定時間和特定地點祭祀特定神祇的官方祀典。並為歷代王朝所遵從，成為帝制時代最重要的典章制度之一。

最初的祭祀活動在樹林空地中的天然土丘上進行，後來發展為夯土築臺。臺是最早出現的建築形式，由於當時條件所限，此類建築多用夯土築成。漢代以後，臺出現兩種變體，一是祭祀自然神的專用建築，叫做祭壇。二是建築物的基礎部分，叫做臺基。

中國古代典籍對遠古的祭祀活動無確切記載，《周禮》中的「夏至日祭地祇於澤中方丘」成為歷代地壇規制和祀典的理論基礎。在漢武帝時，根據《周禮》中的描述在汾河匯入黃河處建立了一座后土祠。

對土地崇拜的祭地活動

西漢末年又按陰陽方位在都城長安南郊和北郊分建祭祀天地之壇。自此祭地之壇成為都城必不可少的建築專案，由於歷代對儒家經典解釋不同，有時將天和地合在一起祭祀，有時分開祭祀。

西元1153年，海陵王完顏亮建中都城，在通玄門外建北郊方丘，是北京最早的祭地之壇。到了明朝，開國皇帝朱元璋建圜丘於鐘山之陽、方丘於鐘山之陰，實行天地分祀。有一年，朱元璋在祭祀前齋戒時風雨交加，他疑惑蒼天有所不悅，苦思冥想之後，感覺敬天地如敬父母，沒有分開祭祀之理，於是改為合祀了。

朱元璋死後，皇太孫朱允炆繼位，年號建文。鑑於北方諸藩王擁兵自重，危及朝廷，建文帝決定削藩。鎮守北平的燕王朱棣起兵反抗，發動「靖難之役」，攻入南京，奪取皇位，年號永樂。朱棣奪取皇位後改北平為北京，遷都北京。這是明代歷史上的一件大事，史稱「永樂遷都」。

明成祖營建北京城時，以南京為藍本，在京城正陽門外建天地壇、紫禁城右側建社稷壇、天地壇以西建山川壇，西元1421年又親自祭奠：

正月甲子朔，上以北京郊社、宗廟及宮殿成，是日早躬詣太廟，奉安五廟太皇太后神主。命皇太子詣天地壇奉安昊天上帝、后土皇地祇神主，皇太孫詣社稷奉安太社太稷神主。

昊天上帝和皇地祇神位從此在北京扎下根來。

西元 1521 年，明朝第十代皇帝武宗病死。武宗無子，其堂弟，15 歲的朱厚熜以藩王繼承皇位，為明世宗，年號嘉靖。嘉靖皇帝繼位之初就圍繞著如何確定其生父的尊號展開一系列激烈爭論，並由此引發禮制變革。

西元 1530 年二月，嘉靖皇帝以天地合祀不合古制為由，集群臣 596 人議郊祀典禮。有 82 人主張分祀；84 人主張分祀而又以為既成之法不可輕改，時機尚不適宜；26 人主張分祀而以山川壇為方丘；206 人主張合祀而不以分祀為非；還有 198 人不置可否。

世宗「自為說，以示禮部」，將南郊的天地壇改為圜丘專以祭天，在北郊擇地另建方澤專以祭地，並在東郊建朝日壇、西郊建夕月壇。這也是為明代的重要事件，史稱「更定祀典」。

西元 1530 年 5 月，四郊壇興工。十一月定北郊之壇名為地壇，此後方澤、地壇兩名並存，祝文稱方澤，公務稱地壇。西元 1531 年的 4 月，方澤壇工成。壇正中鋪縱橫各六條黃琉璃磚道，皇祇室以及方澤壇圍牆覆綠琉璃瓦。

清初沿襲明朝地壇舊制，連同地壇以及各建築的名稱都未改動。至西元 1749 年，地壇因年久損毀嚴重，為此進行了

對土地崇拜的祭地活動

大規模的修繕和改建。乾隆認為皇祇室綠瓦和方澤壇面黃琉璃面磚「於義無取」，於是依據《周禮》和《考工記》等經典，將皇祇室以及方澤壇圍牆綠琉璃瓦頂改為黃瓦、方澤壇面黃琉璃磚改為白色石塊。

這次改建十分成功，使兩座主體建築的禮制意義更加明確。改建工程至乾隆十七年，也就是西元 1752 年的時候竣工，所形成的形制被後世完整地保存了下來。

改建後的地壇占地面積 43 萬平方公尺，布局以北向為上，由兩重正方形壇牆環繞，分成內、外壇。內壇牆四面闢門，外壇牆僅西面闢門。外壇門至安定門外大街之間是一條壇街，街西端有三間四柱七樓木牌樓一座，是進入地壇的前導和標誌。

內壇中軸線略偏於東部。主要建築有三組，方澤壇和皇祇室在中軸線上，方澤壇西側有神庫和宰牲亭，西北有齋宮、鐘樓、神馬圈等附屬建築。地壇建築的內簷枋心彩畫為雙鳳和璽彩畫。建築周圍植滿柏樹，烘托出莊嚴肅穆的氣氛。

方澤壇是地壇的主體建築，是皇家盛大的祭祀禮儀之所，俗稱拜臺。平面為正方形，以水渠環繞象徵「澤中方丘」，正方形平面象徵「天圓地方」。座北南朝的布局和按

六八陰數鋪成的墁石象徵「地為陰」，黃琉璃磚象徵「地謂之黃」。

皇祇室位於方澤壇南側，北向五開間。有圍牆，北向一門，圍牆和門樓覆黃琉璃瓦。殿內供奉皇地祇神位。殿內彩畫是清乾隆原貌，為雙鳳和璽彩畫。

整個明清兩朝，歷代皇帝多次修建祭地聖壇，皇帝在每年夏至率領皇室貴族和文武百官前往舉行祭地大典，以祈求國泰民安、風調雨順。在各種祭祀地神的活動中形成了一套具有中國傳統特色的祭地禮儀。

整個祭地儀式分為九個儀程，即迎神、奠玉帛、進組、初獻、亞獻、終獻、撤撰、送神和望瘞等。在進行儀程中演奏不同的樂章。跳文、武「八佾」舞，是一種由64人組成的古代天子專用的舞蹈。清乾隆皇帝曾額定地壇設文、武、樂舞生480人，執事生90人，可見當時樂舞隊伍之龐大。

每進行一項儀程，皇帝都要分別向正位、各配位、各從位行三跪九叩禮，從迎神至送神要下跪70多次、叩頭200多下，歷時兩小時之久。

如此大的活動量對帝王來說是個很大的負擔，所以皇帝到年邁體衰時，一般不會親自致祭，而派遣親王或皇子代為行禮。如清代康熙皇帝在位61年，前40年中親到地壇致祭

26次,而後21年則全部由親王、皇子代祭。

祭地現場的紀律要求極為嚴格,皇帝諭旨,令陪祭官員,必須虔誠整肅,不許遲到早退,不許咳嗽吐痰,不許走動喧譁,不許閒人偷覷,不許紊亂次序。否則,無論何人,一律嚴懲。

據史料記載,清嘉慶二十四年五月二十四日,因恭修皇祇室內乾隆皇帝之神座,而派遣成親王代行祭告禮。由於成親王向列聖配位行「終獻」禮時,亂了先東後西之次序,事後被革職,退居宅邸閉門思過,並罰扣半俸10年,照郡王俸祿。此例可見君王對祭地禮儀之嚴肅認真。

祭祀結束後,按制度規定要向有關官員分賜食肉,叫「頒胙」。祭前,由太常寺負責登記造冊,並發給胙單,至各衙門。

祭畢,各衙門持單各自到祭所領取。據記載宗人府、內閣各10斤,六部、理藩院、都察院、通政使司、大理寺、樂部、京畿各7斤,太常寺鑾儀衛、詹事府、順天府、太僕寺、光祿寺、鴻臚寺、六科五城各5斤,翰林院、起居注、國子監、太醫院、欽天監、中書科各4斤。

明清帝王承襲《周禮》之制,每逢陰曆「夏至」凌晨,皇帝親詣此臺條招「皇地祇」、「五嶽」、「五鎮」、「四海」、「四

瀆」、「五陵山」及本朝「先帝」之神位，曰「大祀方澤」。

每逢國有大事，如皇上登極、大婚、冊封帝后、大戰獲勝、宮廷壇廟以及殿宇修繕的開工竣工等，皇帝派親王到此代行「祭告」禮，禮儀比「大祀」稍簡。

此外，在每年的農曆臘月三十至正月初七，人們都會舉辦盛大的地壇廟會，廟會以古壇風貌作為依託，注重民族、民間、民俗特色。期間民間雜藝、特色小吃、古董字畫無所不有，令人流連忘返。

【旁註】

《禮記》：中國古代一部重要的典章制度書籍，儒家經典之一。《禮記》內容是西漢戴聖對秦漢以前各種禮儀著作加以輯錄，編纂而成，共 49 篇，由西漢禮學家戴德的姪子戴聖編著，從解說經文的著作逐漸成為經典，到唐代被列為「九經」之一，全書共有 1,250 個小故事，在宋代被列入「十三經」之中。

典章制度：是一個國家的政府在一定時期內行為規範的基本準則。從很早開始，中國歷代統治者就十分重視典章制度的建設。《史記》中的「書」和後來各朝正史中的「志」、「錄」就留下了豐富的有關典制的記載。此外，還有不少典

制方面的專書，可見，歷代先人們是十分重視政權制度建設的，並留下了內容豐富、行之有效的政府行為規範和操作方式。

《周禮》：儒家經典，西周時期的著名政治家、思想家、文學家、軍事家周公旦所著，今從其思想內容分析，則說明儒家思想發展到戰國後期，融合道、法、陰陽等家思想，春秋孔子時對其發生了極大變化。《周禮》所涉及之內容極為豐富，無所不包，堪稱為上古文化史之寶庫。

朱允炆（西元1377年～？）：又作朱允文、朱允汶，明朝第二位皇帝。明太祖朱元璋之孫，懿文太子朱標第二子，年號「建文」，在靖難之變後下落不明。時駙馬都尉梅殷在軍中，從黃彥清之議，為發喪，追諡孝愍皇帝，廟號神宗，壬午以後諡不行，清朝乾隆元年上諡號為恭閔惠皇帝。

藩王：介於地方長官與朝廷之間的統治者。他們經常形成地方割據勢力，但在名義上仍是服從朝廷的地方長官；或者由朝廷冊立統治某地區的相對獨立的君主。藩王一般都有獨特的名銜，這些名銜並非一般的地方長官職銜，可以世襲罔替。如果藩王繼承皇位，這些名銜會演變為真正的君主稱號。

琉璃瓦：據文獻記載，琉璃隨著佛教文化而東傳，其原

來的代表色實際上指藍色。中國古代寶石中有一種琉璃屬於七寶之一。除藍色外，琉璃也包括紅、白、黑、黃、綠、紺藍等色。施以各種顏色釉並在較高溫度下燒製成的上釉瓦，被稱為琉璃瓦。

《考工記》：中國戰國時期記述官營手工業各工種規範和製造工藝的文獻。這部著作記述了齊國關於手工業各個工種的設計規範和製造工藝，書中保留有先秦大量的手工業生產技術、工藝美術資料，記載了一系列的生產管理和營建制度，一定程度上反映了當時的思想觀念。

和璽彩畫：又稱宮殿建築彩畫，這種建築彩畫在清代是一種最高等級的彩畫，大多畫在宮殿建築上或與皇家有關的建築之上。和璽彩畫根據建築的規模、等級與使用功能的需求，分為金龍和璽、金鳳和璽、龍鳳和璽、龍草和璽和蘇畫和璽等五種。它們是根據所繪製的彩畫內容而定名。

三跪九叩：雙膝跪地三次，磕九個頭。這是最敬重的行禮方式。據《周禮》記載，古代跪拜禮有九種：一曰稽首、二曰頓首、三曰空首、四曰振動、五曰吉拜、六曰凶拜、七曰奇拜、八曰褒拜、九曰肅拜。

俸祿：古代皇朝政府按規定給予各級官吏的報酬。主要形式有土地、實物、錢幣等。中國古代俸祿制度的發展可分

為三個時期。商周時期因官職和爵位相一致,並且世代相襲,俸祿實際上是封地內的經濟收入,即俸祿表現為土地形式,封地的大小是各級官吏的俸祿標準。春秋末期至唐初主要以實物作為官吏的俸祿。

【閱讀連結】

在中國,對於土地的祭祀,還有一部分是對於土地神而言的,土地神也是道教神話傳說中知名度最高的神之一,他是一方土地上的守護者,是與一方土地形成共存的神,所以,作為一方土地的土地神對管轄內的大事小情無所不知。作為地方守護神,儘管名位不高,卻是中國民間供奉最普遍的神祇。

民間祭祀最為廣泛的就是土地公張福德,傳說張福德自小聰穎至孝,36歲時官朝廷總稅官,為官清廉正直,體恤百姓之疾苦,做了許許多多善事。102歲辭世之後三天其容貌仍不變,有一貧戶以四大石圍成石屋奉祀,過了不久,即由貧轉富,百姓都相信是神恩保佑,於是合資建廟並塑金身膜拜,因此生意人常祭祀之。

感天謝地─天地大海祭典

內容形式多樣的祭海活動

傳說，在觀音菩薩派默娘下凡降妖除魔、造福百姓的時候，告訴了默娘一個期限，說：「二八為期，去吧！」

於是默娘下凡投胎到福建有一家姓林的名門望族，她的父親林孚曾經是福建的總管。默娘努力修習法術，想更多地幫助村民，但是一轉眼默娘便16歲了。這時，默娘想起了觀音向她說的話，她在凡間逗留的期限，即「二八」。在古代，二八就是16的意思。

這時，觀音給她的期限已到，她十分苦惱。島上還有許許多多的事情等著她去做，鄉親們離不開她，後來有一位法號叫玄通的道士為她指點迷津：「二八為期，可做二解，一解為十六，二解即把二八拆開來念，不就是二十八嗎？」

默娘於是便安心地留下來，繼續為鄉親們除惡驅邪，直到她28歲的重陽節，告別了親人，羽化昇天。

因為林默救世濟人，澤被一方，所以一直都被朝廷賜封，沿海居住，並以捕魚為生的人們尊其為海神，立廟祭祀，民間尊稱林默為媽祖。後因靈異非常，屢顯靈於海上，

內容形式多樣的祭海活動

渡海者皆禱之，被尊為天上聖母，廟宇遍及沿海各地。

媽祖信仰從產生以來，經歷了1,000多年，起初作為民間信仰，後來成為道教信仰，最後成為歷朝歷代國家祭祀的對象，它延續之久，傳播之廣，影響之深，都是其他民間信仰所不曾有過的。

歷代皇帝的尊崇和褒封，使媽祖由民間神提升為官方的航海保護神，而且神格越來越高，傳播的地域也越來越廣。由蒲邑一帶走向五湖四海，達到無人不知，無神能替代的程度。

由此而產生的媽祖崇拜或又稱天后崇拜是海神祭祀活動中最為著名的。媽祖是福建地區的海神傳說，相傳媽祖歿後又多顯靈蹟，常常穿著紅衣服，往來於海上，在風濤中救護船隻，所以「里人虔祀之」。

提到海神媽祖的顯聖，始於西元1122年路允迪出使高麗，「感神功，奏上。立廟江口祀之，賜順濟廟額。」其後，媽祖的加封原因皆為「神霧神濟興、泉飢」，「以神助火焚強寇」。

從西元1156年起至清朝，歷代皇帝先後36次冊封媽祖，清朝咸豐給予最長封號「護國庇民、妙靈昭應、弘仁普濟、福佑群生、誠感咸孚、顯神贊順、垂慈篤佑、安瀾利運、澤

覃海宇、恬波宣惠、導流衍慶、靖洋錫祉、恩周德溥、衛漕保泰、振武綏疆、天后之神」。

後來，同治皇帝在西元 1872 年時再次加封時，「經禮部核議，以為封號字號過多，轉不足以昭鄭重，全部字後再加上『嘉佑』二字。」封號由最初的兩個字累至 64 字，同時還下令列入國家祀典，進行春秋祭祀，所屬的宗教為道教。

臺灣的媽祖信仰也十分普遍，臺灣三分之一以上信仰媽祖，全臺灣共有大小媽祖廟 510 座，其中臺南一地即有 116 座，祂們的名字很多，有的叫天妃宮、天后宮、媽祖廟；有的叫天后寺、天后祠、聖母壇，也有的叫文元堂、朝天宮、雙慈亭、安瀾廳、中興公厝、紛陽殿、提標館等。福建、臺灣、廣東及東南亞的林氏宗親都稱媽祖為姑婆、姑婆祖、天后聖姑、天上聖母姑婆等。

媽祖作為一個古代民間的神祇，能夠被不同階層的人認可、讚揚和崇敬，是因為在媽祖身上聚集了中華民族的傳統美德和崇高的精神境界。

媽祖她作為一個民間的漁家女，善良正直，見義勇為，扶貧濟困，解救危難，造福民眾，保護中外商船平安航行，凡此種種都是功德無量的事情，所以才會深受百姓的崇敬。

由於媽祖不可撼動的海神形象，凡是出海的人幾乎都會

內容形式多樣的祭海活動

祭祀媽祖,從而產生了各式各樣的關於媽祖的祭祀習俗。

媽祖的祭祀儀式分為家庭祭祀和宮廟祭祀兩種。家庭祭祀包括「船仔媽」崇拜、對海祭拜、家中供奉和掛媽祖像等。宮廟祭祀則包括日常祭祀和廟會祭祀,其中廟會祭祀時舉行祭祀大典。

媽祖祭祀活動有獨特的方式與內容,但凡有奉祀媽祖的宮廟,其祭祀活動方式與內容也大致相同,其中尤以莆田湄洲祖廟最為典型。

人們祭祀媽祖的信仰活動一般有三大類:一是大醮,二是清醮,三是出遊,還有「回娘家」和「分神」。大醮即是大慶典的紀念活動,如祖廟落成,開光,千年祭等。此時祖廟內必須演奏五鑼鼓,放銃炮,演木偶戲,奏八樂鼓吹,上演莆仙戲。

演戲時規定必須先跳加官、演八仙、狀元遊街,以後才正式開演節目。祖廟內還清經師、和尚各九人做道場法事,而經師和尚還得配備自己的吹鼓手演奏。總之,整個慶典活動規模較大,形式隆重。

清醮即常年的紀念活動。主要的活動有農曆三月廿三媽祖生日,農曆九月初九媽祖昇天紀念,這是俗定常規的春秋二祭活動。此外,還有媽祖元宵和農曆八月十五慶賀中軍生

日。但因中軍是媽祖屬下，所以慶賀只在中軍殿內舉行。

媽祖元宵的正日在元月初十。這個節日主要是人們敬請媽祖慶賞元宵。由於湄洲除祖廟外，全境還有15座媽祖宮奉祀媽祖，所以慶賞元宵的活動，是從正月初八日始至十八日止。各宮媽祖神像先後抬來祖廟上香。

各媽祖宮隨從的儀仗隊有大旗、大燈、大吹鼓，還有放銃炮，由各宮福首主持進香。祖廟請道士做醮，供品由平時祈求、許願的信徒提供答謝祭祀，還演奏鼓吹八樂等。按慣例，元宵活動先由山尾宮抬媽祖神像到祖廟慶元宵，然後出巡慶賀元宵，有「擺棕轎」、「耍刀轎」等，場面壯觀和熱鬧非凡的文娛表演以及媽祖出宮、回宮活動。

農曆三月廿三是媽祖誕辰紀念日，人們俗呼為「媽祖生」的慶典最為熱鬧，其隆重程度甚至超過春節。該日由各中正福首一人總籌其事，各宮頭人各負執事之責。慶駕活動自從三月初五開始到廿三止，廿三正日，祖廟正式舉行慶賀，在自廿二晚間開始，先鳴放銃炮，後做醮，照例奏鼓吹八樂、演戲。

廟內供品有五牲、五湯、什錦。五牲，即全豬、全羊、雞、鵝、海味。五湯，是用桂元乾、芡實、蓮子、紅棗、柿餅五種果實做麵湯點。什錦，是用白豆著色，排出十種花樣

內容形式多樣的祭海活動

及文字，分別放在十個小碗內，是乾品。此外，還有燒金、「表禮」。

農曆九月初九的媽祖昇天紀念活動，因為是忌日，紀念活動的特點是戒葷，供品不備五牲，一律用素食，祖廟內行三齋六戒，從九月初六至初九演戲。

據湄洲祖廟載，對於天上聖母三月廿三壽誕春祭及九月初九祖廟聖母秋祭，都有一套嚴格規定的供品數額，春祭開祚發賞也都有定規。

出遊這是湄洲全境祈求媽祖平安的一種活動儀式，目的是請媽祖巡遊全境，掃蕩妖氛，庇護全境黎民平安順意。這種出遊，不一定每年都舉行，出遊的日子也不是固定的。

每年家史二月初一日，即湄洲島習俗的「頭牙」。這個規矩不同於莆田其他地方二月初二「頭牙」的習俗。人們在媽祖神像前問卜祈安，如「卜杯」同意，則在祖廟做祈安法事，演戲等。如「卜杯」不同意，便決定出遊。此時，全鄉耆老集中祖廟決定出遊負責人，再「卜杯」確定出遊的月分，然後擇日師推算出遊具體日期。

出遊的那一天，湄洲全境15宮的媽祖和祖廟的媽祖全部抬出去巡遊並規定到下山宮駐駕1天。諸宮媽祖東西兩行排列，祖廟媽祖則排在東邊首席。

出遊後,「卜杯」決定媽祖回駕祖廟的時辰。媽祖聖駕回鑾,先是五駕、中軍,繼為祖廟媽祖,後為各宮媽祖相隨。下山宮的媽祖排在最後,因為它是媽祖駐駕時的宮廟主人。

分神是外地媽祖執事人員到湄洲祖廟請香儀式,故稱「分神」或叫「分靈」。通常是外地媽祖廟有慶賀活動或節日時,虔誠的信徒便不論遠近,專程來到湄洲祖廟,敬請媽祖駕臨該地媽祖宮觀賞,賜福。

事後,「香火」即留該處,不再送回。以後如有活動,仍然舉行一次請香儀式。在天后媽祖的官祭儀式中,赤灣天后宮的「辭沙」祭祀習俗格外特別。

辭沙儀式可以追溯到西元1464年的明代,從明代開始,凡在赤灣過往的漁民或出使各國的官員都要停船靠岸,到天后廟進香,以大禮祈神保佑,以求出海平安順利。在翰林院學士廣州府事黃諫的《新建赤灣天妃廟後殿記》中記載:

凡使外國者,具太牢祭於海岸沙上,故謂「辭沙」。太牢去肉留皮,以草實之,祭畢沉於海。

過去人們在出海前,會用「太牢」祭祀媽祖,祭祀的時候,人們會將牛、羊和豬這三種牲畜去肉留皮,用草填實,擺祭於海邊的沙灘上。祭祀完畢,將三牲沉於海中,而這整個祭祀的儀式便稱為「辭沙」。

內容形式多樣的祭海活動

後來,「辭沙」成為了從赤灣出海者起航前一種固有隆重儀式的名詞。從天后誕辰的半個月前開始,各地的信眾就會從各地趕來,海灣內萬船雲集,宮內外張燈結綵,沙灘上舞龍舞獅,熱鬧非凡。據《香港掌故》中記載:

> 由於赤灣天后古廟宏偉,每年農曆三月廿三天后誕,香港九龍水陸居民都前往赤灣天后廟去賀誕。

每逢農曆三月二十三人媽祖誕辰,來沙灘上舉行「辭沙」祭祀的信眾數不勝數,「辭沙」祭祀大典是赤灣天后宮獨有的。「辭沙」前,做生意的人會事先在天后宮周圍搭起商舖,銷售香燭和食品。主持人則會將各紳士的捐贈登記、造冊並入庫。

祭祀開始時,主祭人會安排將「太牢」先抬於大殿祭媽祖,領海上航行者和漁人到媽祖坐像前燃香行三跪九叩禮。祭祀完畢後焚祝文,焚帛,然後移至沙灘,將「太牢」沉入大海。

然後,便會舉行舞獅、唱戲、武術表演和雜耍等,而在赤灣港停留的漁船則會爆竹齊鳴,彩旗招展,盛況空前。

後來因為各種原因,辭沙的方式發生了改變,由海邊移到了廟堂,但是人們沒有忘記到赤灣舉行盛大的「辭沙」祭媽祖活動,每到辭沙活動舉行的時候,照樣是熱鬧非凡。

感天謝地─天地大海祭典

整個辭沙活動會持續4天，在辭沙的第一天下午，會有一些人先到天后宮。他們會在正殿、左右殿和閱臺上擺設水果、餅乾、牛奶等供品，給油燈添燈芯草和香油，做完這些他們還會在山門平臺上用竹片搭好人形架子，用紙糊一個「鬼王」。

這「鬼王」右手執令箭，左手托「善惡分明」令牌，腰繫大鼓，面目恐怖。同時還會再糊一個縣令裝束的紙人和其所騎的小白馬。到了晚上，他們則要在大殿舉行一個簡單的祭拜儀式。

到了第二天上午，巫師、武術表演和舞獅表演等也會相繼趕到，巫師身著道士長袍，敲鑼擊鼓，吹奏嗩吶，誦經念文，在正殿內外帶領信眾叩首祭拜，祈禱天后娘娘保佑他們。

信眾按領頭巫師指揮，叫跪下祭拜則全部下跪，喊起來祭拜就全部起身。祭拜結束後，信眾們就開始觀看舞獅表演和武術表演了。舞獅隊共有12人，4名年長者負責敲鑼打鼓，8名童子負責舞兩隻獅。舞獅表演開始，8名男孩配合默契、動作協調，給人一種有力、陽剛、威武灑脫之感。

武術表演中，個個功底扎實，手腳有力、行動迅捷，時而翻筋斗，飛毛腿，時而蹲馬步，金雞獨立，拳打腳踢，叫

內容形式多樣的祭海活動

人眼花撩亂，贏得信眾們的陣陣掌聲和喝采聲。

到了午後，會看到一位阿媽搬來一張竹椅坐在山門處，雙目緊閉，嘴上振振有詞，全身故弄抖動，百餘人在圍觀，當說到「阿媽保佑我們」的時候，引來一陣陣喝采聲。有人看她的腳一直在抖動，就提來幾袋物品，試圖壓住，但幾袋物品全被抖動的雙腳抖掉，此舉也引來一陣笑聲。

另有一個老太太，手執一把燃燒的香，放入嘴中，煙從鼻子裡冒出，香從嘴裡取出後，竟安然無恙，圍觀者拚命鼓掌喝采，還在這老太太口袋裡塞紅包。

在第三天晚上，大家把「鬼王」抬到院內的廣場上燃燒，在燃燒前，大家爭先恐後去撕「鬼王」腰上掛著的紙鼓。信徒們認為帶上這紙片可祛邪，很快「鬼王」的鼓就會被信眾搶去。

緊接著就要點鬼王了，巫師嘴上要念著咒語去點燃「鬼王」，鬼王點燃後大家都會把紙錢和稻米撒向火海。此時，紙錢「鬼王」照天燒，整個大院火光沖天，亮如白晝。

第四天，整個辟沙活動就達到了高潮。開始舉行盛大祭拜儀式，人們對天后娘娘下跪叩首，鑼鼓嗩吶聲迴盪在大殿。

儀式結束後，會有一隻獅子表演者在震耳的鑼鼓聲中騰

空而起,隨即俯首用嘴輕輕舐著放在案臺上的所有供品,以示吉祥。巫師則抱著兩個紙箱,一個是裝著紅花白花,一個是用來裝錢,他們到供品放置的案臺旁,逐個分發紅花白花。據說白花代表添男,紅花代表添女。

當巫師將紅花白花放到信徒供品上或放到衣服的圍兜裡時,信徒都要合掌致謝,還要不拘多少向媽祖獻些財物。不久那個空蕩的紙箱便裝滿了錢。

最後一個程序是,將用紅紙抄寫的所有參加這次祭祀活動人員的名單,放在用紙糊的縣令手上抱著,然後點燃縣令和小白馬,連同大家的名字一起化為灰燼。

飄渺的香煙把人們的芳名和願望一起帶給天后娘娘,傳遞一個訊息給天后娘娘,讓她在遙遠的神仙國度裡知道她的信徒是如何的虔誠。

至此整個辭沙儀式也就結束了,信徒們也會漸漸離開。信眾在祭拜媽祖後,還都會到許願意樹下摘取樹葉。他們摘得樹葉有的放在供品上,有的插在抬神像的轎子上,有的插在頭髮上,但大多是把它帶回到家中,插在門楣上或插在花瓶裡,表示希望把吉祥和神靈護佑帶回家。

還有一些地方的漁民每當在出海之前,都要在船上祭祀神衹,燒化疏牒,俗稱「行文書」。然後由船老大將杯中酒與

盤中肉拋入大海，稱「酬遊魂」，以求出海打魚時平安無事。祭祀時要放一副「太平坊」，即棺材板，出海時，放在船上。棺材板冠以「太平坊」之名，與漁民在大海作業時很有可能被巨浪吞噬相關。

葬身大海是漁民大忌，與「入土為安」的習俗大相逕庭。因此放一副棺材板，以求太平無事，若死，也得死在家裡，才能「入土為安」。

祭祀儀式除了在媽祖廟中進行的宮廟祭祀外，還有一種家庭祭祀。家庭祭祀是指民間信眾祭拜媽祖儀式，實際上是媽祖祭祀系列最原始儀式，大致包括舟祭、海祭、家祭、堂祭等幾種。

舟祭是指在船上供奉媽祖神像，在出海、歸航或遇大風大浪危急時祭拜媽祖一種形式。從宋代一來，中國各類船上幾乎都供奉媽祖神像。船家在起航前、航行中、歸航時都要依例祭祈媽祖，祈求航程平安。

祭禮包括上供品，點香燭、三叩九跪、祈求禱告等，雖然簡單，但這種習俗成了航海人不可踰越的規矩，具有普遍性，正如宋人趙師俠詩云：

舳艫萬里來往，有禱必有安全。

感天謝地─天地大海祭典

　　自南宋起,邊有例定舟內載海神媽祖,朝夕拜祈。據《天妃顯聖錄》記載,僅明代就有兵部尚書張悅賀慶送渤泥國王回國舟上禱神,尹璋往榜葛剌國水道途中禱神,鄭和等七下西洋舟上祈神十多例。可見,民間商賈漁人行船中拜祭媽祖是很平常的事。

　　海祭是古代沿海百姓祭祈媽祖最普遍形式。在明清各代文人記載中即可見到。在清代晚期,莆田涵江、仙遊楓亭、忠門港裡一帶民眾都有海祭媽祖習俗。沿海民眾每逢媽祖誕辰或昇天日,便聚集海邊,備齊三牲五果,向媽祖焚香禱告,祈求海上平安。

　　海祭與廟祭不同之處在於,拜祭人是向大海撒鮮花、美酒,以示崇敬,而附近舟船都會聚集海邊,形成千舟朝拜壯觀場面。特別是賢良港宋代古碼頭,正對著由三塊巨大礁石形成的天然三炷香,自古是海祭媽祖天然場所。

　　海祭有著「人神共樂、人海共偕」特徵,是海洋文化中民俗活動生動例證,其祭事習俗影響廣泛,每年都有眾多分靈媽祖廟宇派人參加,臺灣、香港、澳門媽祖廟進香團也常前來朝拜。

　　家祭指信眾在家中設媽祖神龕,每逢初一、十五及媽祖誕辰、昇天日拜祭習俗,是信眾個體最常用祭祀方式。

內容形式多樣的祭海活動

堂祭指媽祖同族後裔在林氏祠堂或分布世界各地的華人聯誼堂會祭拜媽祖的民俗活動。實際上,它是一種家族性祭祀方式,尤其在莆田林氏族裔和東南亞華僑中廣泛傳承。祭祈時間一般選在媽祖誕辰或昇天日。

家庭祭祀雖然沒有宮廟祭祀隆重壯觀,但經歷千年民間洗禮,一直被廣為傳承,已成億萬媽祖信眾生活習俗,對媽祖文化在民間傳播和發展有著重要作用。

其實,在中國漁民的神靈信仰中,作為海神信奉的主要還有龍王、民間仙姑、以及海生動物鯨魚、海鱉等,其中尤以龍王為重,龍王是中國漁民最早崇信的海神。

在中國古代,龍王是非常受古代百姓歡迎的神之一。在中國古代的傳說中,龍王往往具有降雨的神性。後來佛教傳入中國之後,為了擴大在本土的影響力,附會本土文化,把水蛇翻譯成龍。

唐宋以來,帝王封龍神為王。從此,龍王成為興雲布雨,為人消滅炎熱和煩惱的神,龍王治水則成為民間普遍的信仰。

唐玄宗時,詔祠龍池,設壇官致祭,以祭雨師之儀祭龍王,宋太祖沿用唐代祭五龍之制,宋徽宗還在大觀二年也就是西元 1108 年的時候特意下詔「天下五龍皆封王爵」,封青

龍神為廣仁王，赤龍神為嘉澤王，黃龍神為孚應王，白龍神為義濟王，黑龍神為靈澤王。

到了清代的時候，同治皇帝又在西元1863年的時候封運河龍神為「延庥顯應分水龍王之神」，令河道總督以時致祭。

在道教中認為，東南西北四海都有龍王管轄，叫四海龍王。另有五方龍王、諸天龍王、江河龍王等。後來的小說《西遊記》中提到的四海龍王，即東海龍王敖廣、南海龍王敖欽、北海龍王敖順、西海龍王敖閏，使四海龍王成為婦孺皆知的神。

由此，龍王之職就是興雲布雨，為人消滅炎熱和煩惱，龍王治水成了民間普遍的信仰。道教《太上洞淵神咒經》中的「龍王品」稱，「國土炎旱，五穀不收，三三兩兩莫知何計時」，元始天尊乘五色雲來臨國土，與諸天龍王等宣揚正法，普救眾生，大雨洪流，應時甘潤。

古人認為，凡是有水的地方，無論江河湖海，都有龍王駐守。龍王能生風雨，興雷電，職司一方水旱豐歉。因此，大江南北，龍王廟林立，與土地廟一樣，隨處可見。如遇久旱不雨，一方鄉民必先到龍王廟祭祀求雨，如龍王還沒有顯靈，則把它的神像抬出來，在烈日下曝晒，直到天降大雨為止。

內容形式多樣的祭海活動

威海劉公島上有建於明代末年的龍王廟，廟內有前後殿和東西廂房，廟前有戲樓，用來舉行慶典和祭神儀式，正殿中間有龍王塑像，左右站列龜丞相和巡海夜叉。在威海地區的一些偏僻島嶼和漁村，龍王廟更是當地漁民必不可少的信仰場所。

這些龍王廟與上述龍王廟相比規模要小得多，一般都是用石頭搭成，和村裡的土地廟相似，但比土地廟要高、要大，石頭都是經過加工的料石，比土地廟堂皇得多。龍王廟內大多坐有龍王石像或泥塑像。

而人們對龍王的祭祀儀式主要有第一次出海前的祭海，以及龍王生日、春節等特殊日期，而民間節日期間對於海神的祭拜主要集中在春節。每年的大年三十，白天要上船將各處打掃乾淨，艙門上張貼起大紅對聯。

大年夜，鳴鑼上船請「海神娘娘」回家過年。元旦初一的五更起來，第一件事就是鳴鑼登船祭拜，然後才回家為親人拜年。海邊漁村凡有龍王廟的村莊，每年春節初一的清晨，首先要到海邊的龍王廟上香，然後才進行其他節日活動。

春季祭海儀式實際上就是一年漁業生產的開工儀式，除此以外，在其他的漁業生產活動中，也有一些有關海神祭祀的內容。

感天謝地—天地大海祭典

過去，稍大一點的船上都專設神龕，供奉海神娘娘，有的海上運輸的帆船還有專管上香的香童。日照一帶漁民，每當漁船遇到風浪，放桅拋錨後，船老大要率領全船人員祭拜海神娘娘。

祭祀時，船老大站在船面上，口含清水朝東南漱一次，再進倉為海神娘娘上香敬酒，口中念念有詞，祈求風平浪靜。平安返航時，有的人家在龍王廟唱大戲，以酬謝神靈。據老漁民講，在漁船遇到風浪時，海神娘娘送來的燈，以掛在不同桅桿的不同方位昭示此行的安危凶險，給人們鼓舞和啟示。

在捕撈或航運過程當中，如果遇到鯨魚群，即「龍兵過」時，所有船隻必須避讓，焚香燒紙，敲鑼打鼓，並向海裡傾倒稻米、饅頭，為龍兵們添糧草。等到鯨魚過後，漁貨船才能夠恢復作業或航行。

每當漁業豐收以後，各地漁民都有慶祝活動。漁民稱漁業豐收為「發財」，發財後敬天名為「殺發財豬」。漁船豐收，返航臨近家門時，在大桅頂上掛「吊子」，是一種特製的旗幟。如果是特大豐收，則大桅、小桅一齊掛，稱為「掛雙吊」。

岸上的人們見掛「吊子」，船主便率人相迎。登岸後，船

主用黃裱紙蘸豬血焚燒，意為敬給海神一頭豬。祭神後，豬頭歸船老大，豬腳歸「二把頭」，豬尾巴分給大師傅，豬內臟留作帳房的酒菜，剩下的豬肉做成飯菜，不僅全體船員及其家屬來吃，村人、路人都歡迎入席，當地民俗認為來客多即預示著下次出海又會「發財」。

【旁註】

　　道士：道教的神職人員和信徒。道教是中國的本土宗教，以神仙信仰為核心內容，以丹道法術為修煉途徑，以得道成仙為終極目標，追求自然和諧、國家太平、社會安定、家庭和睦。道教認為，修道積德者能夠幸福快樂、長命百歲。

　　路允迪：字公弼，宋城人人，宋朝時期的政治人物，官至給事中。1123 年奉詔出使高麗，搭船至東海，遇到狂風，八舟溺七，只有允迪所乘之船安然以濟，船員李振說這是湄州女神顯靈。

　　神祇：宗教觀念之一，作為一種民間信仰。它象徵著吉祥、威力和正義，寄託著人們的願望、幸福和慰藉。它象徵著吉祥、威力和正義，寄託著人們的願望、幸福和慰藉。在古代的民間信仰中，《左傳》記載有天神、地祇、人鬼三類，此外還有物魅、精怪、妖魔等系統，到了宋代以後民間信仰

走向交叉，佛教、道教、西方宗教的信仰和神仙系統互相交織，派系不在明確。

銃炮：對古代金屬管形射擊火器的概稱。中國古代銃炮肇始於元，而以清末為其下限，包括了銅、鐵兩大類。銅質銃炮主要是以青銅鑄造，也有少數以其他銅合金製成。

元宵節：中國多個民族的傳統節日，漢族傳統的元宵節始於2,000多年前的秦朝。漢文帝時下令將正月十五定為元宵節，漢武帝時，「太一神」的祭祀活動定在正月十五。司馬遷建立「太初曆」時，就已將元宵節確定為重大節日。東漢佛教傳入，為了擴大在本土的影響力逐附會傳統文化把元宵節定為參佛的吉日良辰。

春節：中國最富有特色的傳統節日，中國過春節的習俗已超過4,000多年的歷史，關於春節的起源有多種說法，但其中普遍接受的說法是春節由虞舜時期興起。春節一般指正月初一，是一年的第一天，又叫陰曆年，俗稱「過年」。在春節期間，中國的漢族和很多少數民族都要舉行各種活動以示慶祝。

供品：指為供奉逝去之人於桌上或墓前擺放的點心、瓜果一類祭品，也指供奉神佛祖宗用的瓜果酒食等。藏語中的「供品」這個詞，既指對神佛的恭敬與崇拜，也指實際供奉給

神佛聖物的物品。

黃諫：宇廷臣，號蘭坡，蘭州黃家園人。明正統七年探花，授翰林院編修，遷侍讀學士。黃諫是明代蘭州的知名學者，才華橫溢，詩文並茂，著有《書經集解》、《詩經集解》、《使南稿》、《從古正義》、《蘭坡集》等。流傳甚廣的《饒歌鼓吹》是一首記述明將堅守蘭州及徐達與王保保定西之戰的史詩。

太牢：古代帝王祭祀社稷時，牛、羊、豕三牲全備為「太牢」。古代祭祀所用犧牲，行祭前需先飼養於牢，故這類犧牲稱為牢。又根據犧牲搭配的種類不同而有太牢、少牢之分。由於祭祀者和祭祀對象不同，所用犧牲的規格也有所區別，天子祭祀社稷用太牢，諸侯祭祀用少牢。《禮記》中太牢指的是大牢。

令牌：道教齋醮科儀中常用法器。道教法器令牌起源於中國古代軍隊發號施令用的虎符。《道書援神契》有「令牌」項稱，「《周禮》，牙璋以起軍旅。漢銅虎符上圓下方，刻五牙文，若垂露狀。背文作一坐虎，形銘其旁曰：如古牙璋，作虎符。近召將用令牌，此法也」。

鑼鼓：是戲劇節奏的支柱。戲曲的唱念、表演、舞蹈、武打，都具有很強的節奏性，而鑼鼓是一種音響強烈、節奏

鮮明的樂器,有了鑼鼓的伴奏配合,能增強戲曲演唱、表演的節奏感和動作的準確性,幫助表現人物情緒,點染戲劇色彩,烘托和渲染舞臺氣氛。

轎子:一種靠人或畜扛、載而行,供人乘坐的交通工具,曾在東西方各國廣泛流行。就其結構而言,轎子是安裝在兩根槓上可移動的床、坐椅、坐兜或睡椅,有篷或無篷。

趙師俠:一名師使,字介之,號坦庵,太祖子燕王趙德昭七世孫,居於新淦,為淳熙二年,也就是西元1175年進士,有《坦庵長短句》一卷流傳於世。

兵部:又稱夏官、武部,中國古代官署的名稱,其長官為兵部尚書,又稱夏卿。兵部是中國古代吏、戶、禮、兵、刑、工的六部之一。兵部負責掌管選用的武館以及兵籍、軍械、軍令等。

神龕:放置道教神仙的塑像和祖宗靈牌的小閣。神龕大小規格不一,依祠廟廳堂寬狹和神的多少而定。大的神龕均有底座,上置龕。龕均木造,雕刻吉祥如意圖案和帝王將相、英雄人物、神仙故事影像,金碧輝煌。

龍王:是中國神話傳說中在水裡統領水族的王,掌管興雲降雨,為人間解除炎熱和煩惱,是中國古代人民非常敬重的神靈。傳說共有東海敖廣、西海敖欽、南海敖潤、北海敖

順這四個以海洋為區分的四海龍王。

唐玄宗（西元685年～西元762年）：即李隆基，西元712年至西元756年在位。唐朝在位最久的皇帝，唐睿宗第三子，母竇德妃。廟號「玄宗」，又因其諡號為「至道大聖大明孝皇帝」，故亦稱為唐明皇。清朝為避諱康熙皇帝之名「『玄』燁」，多稱其為唐明皇，另有尊號「開元聖文神武皇帝」。

《西遊記》：中國古典四大名著之一，是中國古代一部浪漫主義長篇神魔小說，作者吳承恩，成書於明朝中葉，主要描寫了唐僧、孫悟空、豬悟能、沙悟淨師徒四人去西天取經，歷經九九八十一難最後終於取得真經的故事。《西遊記》不僅內容極其豐富，故事情節完整嚴謹，而且人物塑造鮮活、豐滿，想像多姿多彩，語言也樸實通達。更為重要的是，《西遊記》在思想境界和藝術境界上都達到了前所未有的高度，可謂集大成者。

土地廟：又稱福德廟、伯公廟，為民間供奉土地神的廟宇，多於民間自發建立的小型建築，屬於分布最廣的祭祀建築，各地鄉村均有分布，以至凡有漢族民眾居住的地方就有供奉土地神的地方土地廟。

感天謝地─天地大海祭典

【閱讀連結】

在每年農曆正月十三的時候,是中國傳統中海的「生日」,每到這一天,山東海陽沿海的漁民就會放起鞭炮、扭起秧歌,開展一系列的祭海活動,以祈盼一年風調雨順,漁業豐收。而附近的漁民們也會準時出現在海邊,開始舉行祭海儀式,人們端出了早已準備好的祭品,有豬頭、雞、鯉魚、大饅頭等,人們焚香化紙,燃放鞭炮煙花,朝著大海行叩拜禮。「用鯉魚來祭祀海龍王,是取「鯉魚跳龍門」的寓意。

內容形式多樣的祭海活動

國家圖書館出版品預行編目資料

祭祀慶典，傳統祭典與祭祀禮俗：祭天、拜地、儀式、神明……追溯中華文明中最虔誠的敬畏 / 肖東發 主編，張學文 編著. -- 第一版. -- 臺北市：複刻文化事業有限公司, 2024.12
面；　公分
POD 版
ISBN 978-626-7620-14-4(平裝)
1.CST: 祭祀 2.CST: 禮俗 3.CST: 中國文化
272.91　　　　113018037

電子書購買

爽讀 APP

祭祀慶典，傳統祭典與祭祀禮俗：祭天、拜地、儀式、神明……追溯中華文明中最虔誠的敬畏

臉書

主　　編：肖東發
編　　著：張學文
發 行 人：黃振庭
出 版 者：複刻文化事業有限公司
發 行 者：複刻文化事業有限公司
E - m a i l：sonbookservice@gmail.com
粉 絲 頁：https://www.facebook.com/sonbookss/
網　　址：https://sonbook.net/
地　　址：台北市中正區重慶南路一段 61 號 8 樓
8F., No.61, Sec. 1, Chongqing S. Rd., Zhongzheng Dist., Taipei City 100, Taiwan
電　　話：(02) 2370-3310　　傳　　真：(02) 2388-1990
印　　刷：京峯數位服務有限公司
律師顧問：廣華律師事務所 張珮琦律師

-版權聲明-

本書版權為大華文苑出版社所有授權複刻文化事業有限公司獨家發行繁體字版電子書及紙本書。若有其他相關權利及授權需求請與本公司聯繫。
未經書面許可，不得複製、發行。

定　　價：299 元
發行日期：2024 年 12 月第一版
◎本書以 POD 印製
Design Assets from Freepik.com